IRIS PANHANS

DIE KUNST DER HEXEREI

Entdecke deine magischen Kräfte

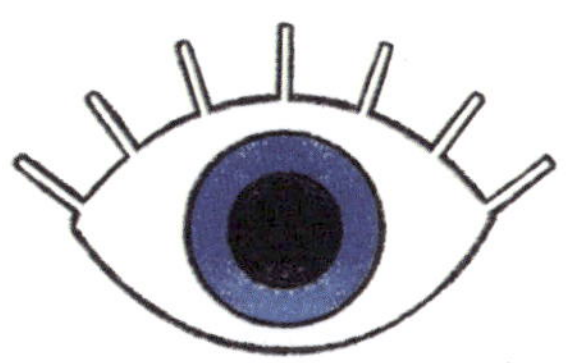

nymphenburger

INHALT

EINLEITUNG

Hallo du wundervolle Seele,

wie schön, dass dieses Buch den Weg in deine Hände gefunden hat! Mein Name ist Iris und ich habe mir als Ziel gesetzt, den deutschsprachigen Raum mehr über moderne Hexerei aufzuklären. Mit diesem Buch möchte ich eine Quelle schaffen, die es jedem möglich macht, die Welt der Magie kennenzulernen und sich das Wissen darüber selbst anzueignen.

Ich bin seit mehreren Jahren aktiv in der Hexerei-Community Deutschlands und leite zum Beispiel ein großes Forum, indem sich Hexen austauschen und gegenseitig helfen können. Angefangen hat das Ganze aber mit meinem langjährigen Interesse am Okkulten und Skurrilen. Schon in meinem Jugendzimmer hingen Schädel, Felle und symbolische Malereien an den Wänden, was damals von vielen als „seltsam" bezeichnet wurde. Irgendwann entdeckte ich dann, dass die ganzen Symbole und Dinge, die mich so magisch anzuziehen schienen, auch wirklich eine Bedeutung hatten. Ich las meine ersten Bücher über Hexerei und war schnell komplett fasziniert von dem gesamten Thema. Ich wollte mehr lernen und stellte fest, dass ich fast keine deutschsprachigen

YouTube-Videos über dieses Thema finden konnte. Da beschloss ich kurzerhand, mich selbst vor die Kamera zu setzen und die Sache in meine eigenen Hände zu nehmen.

So entstand die Vollmondfüchsin. Mein Pseudonym, das ich seither trage. Aus der Idee, „mal ein paar Videos zu drehen", entwickelte sich rasend schnell eine große Community, und viele aufmunternde und motivierende Stimmen kamen bei mir an. Ich bin unendlich dankbar für all die Menschen, die mir täglich Kommentare und Nachrichten schreiben, sich bei mir für meine Arbeit bedanken und mir von ihren Geschichten erzählen: Ihr zeigt mir immer wieder eine neue Perspektive und motiviert mich, über mich hinauszuwachsen.

Ich möchte dich gerne an die Hand nehmen und dir die Magie und Hexerei näherbringen, denn sie existiert nicht nur in Fantasy-Romanen und Filmen. Nur hat es weniger mit Lichtblitzen oder Sternenglitzern zu tun und ist vor allem aufwendiger, als es dort dargestellt wird. Ich lade dich also ein, mir auf dieser Reise zu folgen und alles, was du für den Start benötigst, kennenzulernen.

Mir ist es sehr wichtig, gleich zu Beginn klarzustellen, dass meine beschriebenen Vorgehensweisen nicht absolut sind. Jeder Mensch ist unterschiedlich und hat verschiedene Interessen, Herangehensweisen und Ziele. So ist auch jede Hexe unterschiedlich. Mit meinem Buch möchte ich dir keine Regeln oder Grenzen vorgeben, sondern dir eine Hilfslinie bieten und dir bei der Orientierung in der Welt der Magie helfen. Mein Wunsch ist es, dir die eventuelle Angst vor der Hexerei zu nehmen und dir auf einer ganz unvoreingenommenen Ebene zu erklären, was sie ist und was sie kann. Danach kannst du selber entscheiden, wie du damit umgehst. Es ist auch vollkommen normal, wenn du nicht mit all meinen Lehren übereinstimmst. Ich möchte dir eine Perspektive auf das Thema Magie geben und eine zusätzliche Quelle an Informationen darstellen, um dich auf deiner Reise und in deinem Wirken zu unterstützen.

Ein Buch über Hexerei zu strukturieren, ist äußerst schwierig. Alle Themen hängen irgendwie zusammen und man kann kaum etwas erklären, ohne eine riesige Welle an fehlenden Informationen hinter sich herzuziehen.

Auch ich saß stundenlang über der Anordnung der Kapitel und überlegte, wie alles am besten nachvollziehbar sein würde. Schlussendlich bin ich zu der dir nun vorliegenden Struktur gelangt.

Mein Buch ist in vier große Hauptkapitel unterteilt:

✦ Im ersten geht es darum, was überhaupt eine Hexe ist. Was macht eine Hexe heutzutage? Was ist der Kern, die Leidenschaft, die hinter all dem steckt? Ich gehe in diesem Kapitel viel auf Gefühle und Empfindungen ein und möchte dir damit vermitteln, wie es sich anfühlt, eine Hexe zu sein. Es dient dazu, Menschen, die wenige bis gar keine Kenntnisse zum Thema Hexerei haben, ein Verständnis und einen Einblick in dieses Leben zu geben. Auch mit Vorurteilen und ein paar missverständlichen Grundlagen räume ich auf.

✦ Im zweiten großen Kapitel geht es dann um die magischen Grundlagen. Am Anfang lernst du die Kraft kennen, mit der wir arbeiten. Du erfährst, wo sie überhaupt herkommt und wie du sie selbst spüren kannst. Was kann sie überhaupt bewirken? Wie wirkt sie und was sind ihre Grenzen? Du lernst auch die Magie in deiner Umgebung kennen und was für Hilfsmittel eine Hexe verwendet.

✦ Im dritten Kapitel beschäftigen wir uns mit den Unterschieden von verschiedenen Zaubern und Ritualen. In diesem Abschnitt gebe ich dir eine Übersicht über die beiden Formen und wie der Grundablauf der bekanntesten Arten aussieht. Dadurch weißt du später sofort, wovon die Rede ist.

✦ Dann geht es endlich an die praktisch Umsetzung! Im vierten Kapitel dreht sich alles darum, wie du das bis dahin Gelernte verwendest, kombinierst und verfeinerst.

Mir ist durchaus bewusst, dass dieses Kapitel wohl das interessanteste für die meisten sein wird. Ich bin selbst eine Leserin, die in Wissensbüchern gerne mal Seiten überspringt oder sich nur den Teil durchliest, der mich gerade interessiert. Das kannst du auch mit diesem Buch machen. Sei dir dann nur bitte bewusst, dass dir eventuell ein paar Hintergrundinformationen oder genaue Beschreibungen fehlen können. Besonders möchte ich dir die Hinweis- und Infokästen and Herz legen. Diese enthalten wertvolle Informationen, die dir helfen werden, deiner Arbeit mit mehr Vertrauen und vor allem sicherer nachzugehen.

Die magische Arbeit ist ein steter Lernprozess. Lass dich darauf ein und nimm dir die Zeit auszuprobieren und zu erfoschen und vor allem: hab Spaß!

Deine Vollmondfüchsin

Kapitel 1

DER ALLTAG EINER MODERNEN HEXE

Hexen gibt es wirklich.

Allein das zu verstehen, hat für mich schon eine Weile gedauert. Es gibt Menschen, ja ganze Gruppen, die sich als Hexen und Hexer bezeichnen. Aber diese Menschen, zu denen ich mich mittlerweile selbst zähle, sind nicht so, wie sie in Filmen oder Büchern oft dargestellt werden. Wir sind keine übernatürlichen Wesen, bucklige Frauen mit Warzen und krummen Nasen oder opfern Kinder dem Teufel. Wir sind ganz normale Menschen.

Hexerei ist eine Form von Glauben, aber keine Religion. Es herrschen keine allgemeinen Regeln oder Grenzen. Jeder wirkt und praktiziert nach eigenem Ermessen. Es gibt viele Gruppen, die sich deswegen an einen selbstdefinierten Kodex halten oder den Werten und Ansichten von Gottheiten folgen. Was uns aber alle verbindet, ist der Glaube an die Kraft, mit der wir arbeiten. Die sogenannte Magie. Was das genau ist und wie man sie einsetzt, werde ich dir im Verlauf dieses Buchs erklären.

Wir respektieren und schätzen die Welt um uns herum, die Natur ist der Kern unserer Kraft. Die Anwendungsmöglichkeiten der Hexerei sind so vielseitig und weitläufig, dass es einem Anfänger manchmal schwerfallen kann, sich in dem Irrgarten aus Bereichen und Information zurechtzufinden. Die Grundtechniken der Hexerei sind vielfältig: Visualisierung, Meditation, Erdung, Manifestation, Reinigung, Schutz, Bannen und viele mehr - das sind unter anderem alles Dinge, die du auf den folgenden Seiten lernen wirst. **Ich werde im Laufe des Buches der Einfachheit halber nur den einzelnen Begriff Hexe verwenden, inkludiere darin aber jede Person und jedes Wesen mit jeglicher Orientierung und alles dazwischen.**

Lebenseinstellung und Glaube einer Hexe

Es ist schwer zu verallgemeinern, was uns als moderne Hexen ausmacht. Ein wesentlicher Hintergrund dafür ist, dass Hexe zu sein zu einem sehr großen Teil Gefühls- und Definitionssache ist. Deswegen kann ich dir nur meine ganz persönliche Ansicht und meine eigene Überzeugung nahebringen. Hab aber bitte im Hinterkopf, dass es da draußen noch viele andere Meinungen gibt, die für dich vielleicht auch interessant sein könnten.

Unterschiedliche Auffassungen von Hexerei

Du wirst schnell auf verschiedene Ansichten und Meinungen treffen, wenn es um die Wirkungsweise und die Ausübung von Hexerei geht. Zum Beispiel gibt es eine Gruppe von Praktizierenden, die der Meinung sind, Hexerei sei nichts für die Außenwelt. Sie sind der Ansicht, dass das Wissen darüber im Geheimen gehalten werden sollte. So sehen sie auch dieses Buch oder meine YouTube-Videos als unreine Magie und somit als unwürdig an. Andere missbilligen wissenschaftliche Beweise oder versuchen sogar neue Theorien aufzustellen. Solche Menschen sind oftmals stark von ihrer eigenen Meinung überzeugt. Nimm dir also nicht zu Herzen, wenn jemand dir vorwerfen sollte, Unsinn zu glauben oder falsch zu praktizieren.

Für mich bedeutet Hexerei, eine enge Verbundenheit mit der Natur zu spüren, sowie ihre Wertschätzung und Wahrnehmung. Pflanzen und Kräuter sind ein großer Bestandteil meiner Arbeit als Hexe. Sie zu kennen und zu verwenden, gibt mir ein Gefühl von innerer Ruhe. Die Natur zu pflegen und dankbar für die Kraft zu sein, die sie uns gibt, ist Teil meiner Praxis. Seit ich eine Hexe bin, nehme ich die Welt um mich herum anders wahr. Nicht nur die Menschen, sondern auch die Natur und ihre Lebewesen.

Ich nehme den Frieden wahr, der von der Natur ausgeht - eine unerschütterliche Kraft, so schlimm die Geschehnisse um sie herum auch sein mögen. Es gibt mir ein Gefühl der Sicherheit, ein Vertrauen, dass alles seinen Weg findet. Das ist das sogenannte **Urvertrauen**. Es bildet die Wurzeln deines Glaubens, deine Standfestigkeit in der Welt. Das Vertrauen in den Kern unserer Natur, dass sie uns leitet und auch durch dunkle Zeiten führt - denn ihre Energie ist unendlich.

In deiner Entwicklung als Hexe geht es stark um deine eigenen Erfahrungen und deine ganz persönlichen Interessen. Es ist eine Reise, um dein inneres Selbst und deine Kraft zu entdecken. Es ist eine Form von Fürsorge des eigenen Geistes. Mit ihrer Hilfe können wir uns auf uns selbst und unsere mentale Gesundheit konzentrieren. Durch die Arbeit mit Magie wirst du dich mit deinem Inneren, deinen Gefühlen, Ängsten, deinen Schwächen und Stärken beschäftigen. Sie wird dir helfen, dich zu entwickeln und deinen Ursprung wiederzufinden. Das Handwerk der Hexerei ist uralt und auf der ganzen Welt zu finden. Wenn wir diese Praktiken, die seit Jahrhunderten ausgeübt werden, erneut nutzen und uns mit der Energie verbinden, verbinden wir uns gleichzeitig auch mit unseren Ahnen und somit dem Ursprung dieser Kraft. Magie ist etwas Mächtiges, Endloses und unglaublich vielseitig.

Ich kann daher keine verallgemeinernde Aussage treffen wie „Daran glauben wir Hexen". Magie ist so vielseitig wie die Menschen, die sie nutzen. Es gibt keinen vorgegebenen Weg, was du machen und woran du glauben musst, um eine Hexe zu sein. Jeder Mensch ist unterschiedlich. In seiner Persönlichkeit, seinen Interessen und seinem Glauben. Aber trotzdem sind wir alle ein Teil dieser Welt. Wir alle sind mit ihr und durch sie verbunden.

Als ich damals entdeckte, dass es Hexerei gibt, wurde mir die Tür in eine andere Welt geöffnet. Ich fühlte mich plötzlich ganz, als hätte ich endlich den Teil in einem Leben gefunden, der mir bis dahin gefehlt hatte. Auch dieser Teil, der mich schon immer von anderen Menschen unterschieden hat. Ich war auch immer die etwas Seltsame, die, die sich nicht richtig einfügen konnte und irgendwie anders war. Ich hatte meinen Glauben gefunden, ein Konzept, das ich bis dahin nie verstehen konnte. Warum Menschen dafür Kriege führen und andere zwingen wollen, an dasselbe zu glauben, kann ich auch heute noch nicht verstehen, aber mittlerweile kann ich die innere Ruhe verstehen, die Glaube einem gibt. Für mich fühlt sich Magie an wie eine Welt, in der ich mich wohlfühle, die mir Sicherheit und Geborgenheit gibt. Hexerei und Magie bedeuten für mich, eine Kraft zu erleben, mit der ich etwas verändern und bewirken kann. Es geht darum, seine eigene Energie wiederzufinden und die eigene Identität zu definieren.

Die Arbeit einer modernen Hexe

Überall auf der Welt verteilt gibt es Menschen, die Dinge vollbringen, die wir gemeinhin als Hexerei bezeichnen. Das Wissen der Hexerei basiert auf vielen alten heidnischen Traditionen. Innerhalb solcher Bräuche werden die Praktizierenden zum Beispiel als Schamanen, Priester, Druiden und Orakel bezeichnet. Sie dienen ihren Mitmenschen als Heilkundige, Alchemisten oder als Medium. Sie werden oft als Menschen mit übersinnlichen Fähigkeiten oder einer starken Verbindung zur „anderen Welt" beschrieben. Du findest sie zum Beispiel in der irischen Geschichte sowie in Italien und Rumänien, aber auch in Griechenland und im asiatischen Raum. Vor allem in Südamerika und in russischen Gebieten sind auch heute noch viele Traditionen heidnischer Herkunft.

Heutzutage gilt unser Vertrauen jedoch hauptsächlich den Ärzten und der Wissenschaft, wandernde Heiler und Kräuterfrauen gelten stattdessen als „Scharlatane" und „Quacksalber". Hexerei ist zum Großteil keine wissenschaftlich bewiesene Tätigkeit. Auch wir nutzen die Kraft der Kräuterkunde, deren Wirkung wissenschaftlich erwiesen ist, aber der andere Teil unserer Arbeit basiert auf sogenanntem empirischem Wissen. Das ist Wissen, das wir aus Erfahrungen und Beobachtungen ziehen. Unsere Kenntnisse basieren also nicht auf Fakten oder Berechnungen. Die Wissenschaft erkennt Magie und somit auch Hexerei nicht an. Dass also nicht nur unser Glauben, sondern auch noch unsere Arbeit nicht festgelegt und einheitlich ist, macht es dir vielleicht verständlich, warum die Definition einer Hexe nicht ganz einfach ist.

Aber womit beschäftigt sich denn eine moderne Hexe dann überhaupt? Jeder hat seine eigene Überzeugung, aber ich rede auch ständig von Tätigkeiten und Arbeit. Woraus besteht diese? Nun, meine persönliche Arbeit fokussiert sich auf die Wirkung von Pflanzen, die Arbeit mit magischen Symbolen und die Beschäftigung mit verstorbenen Tiergeistern. Somit besteht meine tägliche Arbeit zum Beispiel aus Recherche und ausprobieren von Pflanzenmischungen oder darin, herauszufinden, wo ich eine bestimmte Pflanze finden könnte. Auch zeichne ich sehr gerne und arbeite dort magische Symbole in meine Werke mit ein oder erstelle Zeichen für Freunde und Familie, wenn sie ein wenig magische Unterstützung benötigen.

Die Arbeit mit den verstorbenen Tiergeistern spiegelt sich bei mir größtenteils in der Wertschätzung von Tierknochen

und Fellen wider. Sie dekorieren mein Zuhause, und erfreue mich jedes Mal an ihrem Anblick. Außerdem ziehe ich aus ihnen Kraft und gebe diese in Form von Fürsorge wieder zurück.

Hexen können aber auch andere Tätigkeiten vorziehen. Welche weiteren Tätigkeiten es gibt, werde ich dir natürlich noch vorstellen, damit du dich orientieren kannst. Die Welt der Hexerei kann anfangs sehr groß und überfordernd sein. Deshalb stelle ich dir im Folgenden ein paar der größten Themengebiete vor, auf die ich aber im Kapitel über die Grundlagen noch sehr viel ausführlicher eingehen werde. Es soll dir einen Vorgeschmack auf die kommenden Seiten und eine Perspektive geben, was dich eventuell mehr oder weniger interessiert.

✦ **Kräuter:** Kräuter und Pflanzen sind einer der wichtigsten Bestandteile magischer Arbeit. In so gut wie jedem Zauber oder Ritual werden Kräuter verwendet. Das liegt daran, dass jede Pflanze ihre eigene Kraft und Wirkung in sich trägt (siehe auch S. 28, *Was ist Magie?*). Schließlich sind sie, wie wir, direkte Schöpfungen der Natur. Sie sind nicht nur magisch hilfreich, sondern auch ein fundamentaler Bestandteil in der Medizin. Die positive Wirkung von vielen Pflanzen auf den Körper ist sogar in der westlichen Medizin unumstritten und ein fester Bestandteil vieler Kulturen und Völker. Viele Hexen beschäftigen sich sehr gerne mit Naturheilkunde und den Auswirkungen von Ölen und anderen pflanzlichen Verbindungen auf den Körper. Auf die Verwendung der einzelnen Kräuter gehe ich auf S. 53 ein.

✦ **Edelsteine**: Genau wie Kräuter hat jeder Stein und jeder Kristall seine eigene Wirkung. Edelsteine sind sogar noch einfacher zu verwenden, da sie passiv wirken und keinen besonderen Verarbeitungsprozess oder Aktivierung benötigen. Mit ihrem einfachen Dasein wirken sie sich bereits auf ihre Umgebung aus. Von den klassischen Quarzkristallen bis hin zu Gestein und Metallen sind Bodenschätze eines der vielseitigsten Gebiete der magischen Arbeit. Ebenso wie Pflanzen sind Steine und ihre Variationen einer der Grundbausteine unserer Welt und direkte Produkte der Natur.

✦ **Divination:** Divination ist die Kunst der Vorhersehung. Praktizierende werden oft Hellseher, Medium oder Orakel genannt. Das Handwerk der Divination teilt sich in viele Unterkategorien auf, da es unzählige verschiedene Methoden zur Deutung der Vergangenheit, Gegenwart und Zukunft gibt.
Hier habe ich ein paar bekannte Methoden der Divination für dich aufgelistet:

- Tarot und Orakelkarten legen
- Pendeln
- Runen werfen
- Knochen werfen (eng. *osteomancy*)
- Tee und Kaffeesatz lesen
- *Scrying* (Divination mithilfe einer reflektierenden Oberfläche, z. B. Kristallkugel, Wasser, Spiegel ...)

✦ **Symbolik**: Schon die Menschen in der Steinzeit verwendeten Zeichnungen und Symbole, um sich zu verständigen. Jede Form von Symbolen hat eine eigene Kraft in sich, die reproduzierbar und meistens sehr einfach anwendbar ist. Aber auch die Erstellung von eigenen magischen Symbolen ist eine sehr beliebte und effektive Methode für das Wirken von Zaubern. Dabei werden sich verschiedenste Methoden zunutze gemacht, von bekannten Runen-Systemen über Kalligrafie bis hin zu einfachen Symbolen wie Kreisen und Dreiecken. Auf S. 62–65 zeige ich dir, wie du ganz einfach deine eigenen magischen Symbole erschaffen kannst.

Du kannst natürlich mehrere Bereiche kombinieren und unterschiedliche Lehren verknüpfen. Es ist aber ratsam, zunächst mit nur einem Thema anzufangen. Ich weiß, wie gerne man alles sofort lernen möchte, aber lass dir Zeit und teste verschiedene Richtungen aus. Ich zum Beispiel war anfangs sehr von Edelsteinen fasziniert, weil auch schon meine Mutter früher immer welche zuhause hatte. Mittlerweile habe ich festgestellt, dass mich Kräuter viel mehr interessieren. Ich mag Edelsteine immer noch sehr gerne, aber sie sind nur ein kleiner Teil meiner magischen Arbeit. Deine Orientierung und Interessen werden sich wahrscheinlich auch mehrfach über die Zeit ändern. Das ist auch gut so, denn so lernst du immer wieder Neues und kannst dieses Wissen dann mit deinem bisherigen verbinden. So werden deine Arbeit und dein Sein als Hexe immer persönlicher werden.

Bitte beachte, dass keines dieser Beispiele ein Muss ist, egal wie populär sie auch sind. Über einen bestimmten Pfad der Hexerei etwas zu lernen und ihn zu erforschen, muss nicht gleich heißen, dass du ihm auch folgen musst. Weder temporär noch permanent.

Du hast die Möglichkeit, in alle Bereiche hineinzuschnuppern und in deinem eigenen Tempo herauszufinden, wofür du dich besonders interessierst. Eine Hexe kann in mehreren Gebieten Experte sein oder in gar keinem. Zur Erinnerung: Hexe sein bedeutet, deinen eigenen Weg zu gehen. Du entscheidest, was dich interessiert und was du machen willst.

Wie sehen Hexen aus?

Äußerlich wirst du eine Hexe kaum von deinen Mitmenschen unterscheiden können. Die Mode hat viele Bestandteile der optischen, äußeren Magie mittlerweile aufgenommen, wodurch zum Beispiel ein Kettenanhänger oder ein Symbol nicht immer ein eindeutiges Zeichen für eine Hexe sein muss. Wir arbeiten in ganz normalen Jobs, leben in ganz normalen Häusern und Wohnungen. Wir haben Familien, Haustiere und Freunde.

Das, was uns unterscheidet, ist unser Glaube und unsere Weltansicht. Ein Christ redet mit Gott, wir reden mit anderen Wesen, Göttern oder Körpern, wie zum Beispiel der Sonne. Außerdem haben wir oft besondere Hobbys und Interessen. Wenn du dich etwas tiefer in die Welt der Hexerei begibst, wirst du wahrscheinlich schnell feststellen, dass deutlich mehr Menschen sich mit diesem Thema auseinandersetzen, als du vielleicht erwartest. Oft ist es auch so, dass eine Person, die Hexerei ausübt, diese Orientierung überhaupt nicht nach außen zeigen will. Vorurteile und negative Gedanken unserer Arbeit gegenüber sind immer noch tief in der Gesellschaft verankert, und so wählen viele Praktizierende lieber den Weg der unerkannten Arbeit, als sich mit dummen Kommentaren oder sogar Mobbing auseinandersetzen zu müssen. Also nein, es gibt kein Erkennungsmerkmal, mit dem sich eine Hexe ihren Mitmenschen immer erkenntlich macht.

CLOSET WITCH

Nicht jede Hexe hat die Möglichkeit (oder den Wunsch), ihre Orientierung und Interessen offen nach außen tragen zu können. Oft lebt man nicht alleine oder möchte auch einfach nicht, dass jeder sofort sehen kann, womit man sich beschäftigt. Dann arbeitet eine Hexe im Geheimen und verbirgt ihre Utensilien und anderen Verbindungen mit der Magie vor ihrer Umgebung. Solche Hexen werden gerne als (engl.) *closet witch* bezeichnet, was direkt übersetzt „Schrank-Hexe" bedeutet. Im Englischen wird der Begriff „closeted" schon lange für Personen genutzt, die Aspekte ihrer Persönlichkeit, oftmals ihre Sexualität, versteckt halten. So halten auch manche Hexen ihre Arbeit lieber versteckt. *Closet witches* sind keine Seltenheit und viel zu oft werden ihre eingeschränkten Möglichkeiten bei Anleitungen und Arbeitsideen vergessen, daher ist es mir wichtig, sie in meinem Buch miteinzubeziehen. Du wirst deshalb bei den nachfolgenden Anleitungen und Informationen auch immer wieder Anregungen finden, wie du Anweisungen auch unauffällig durchführen kannst.

Die wichtigsten Grundbegriffe

Es gibt viele Vorurteile und Klischees, die über Hexen kursieren. Dazu möchte ich dir gerne eine kleine Geschichte aus meinen eigenen Erfahrungen als Junghexe schildern: Als ich damals zum ersten Mal erfahren habe, dass es „Magie" in unserer Welt gibt, war ich sofort Feuer und Flamme. Ich wollte alles wissen, und das am besten schon gestern. Also suchte ich nach einsteigerfreundlichen Büchern und so ergab es sich sehr schnell, dass ich auf ein sehr beliebtes Buch stieß: *„Wicca: A Guide for the Solitary Practitioner"*. Auf Deutsch auch bekannt als *„Wicca: Einführung in die Spiritualität und Praxis der Neuen Hexenkunst"* von Scott Cunningham. Einführung der Neuen Hexenkunst, das klingt doch super – also wurde das Buch sofort gekauft. Ich war begeistert, mein allererstes Buch über Hexerei! Ich begann natürlich sofort zu lesen – und wurde enttäuscht.

Das kleine Wort „Wicca" im Buchtitel beeinflusst grundlegend das gesamte Buch. Der Autor erklärt, dass es einen Gott und eine Göttin gibt, die von Mond und Sonne verkörpert werden. Eine erste Übung im Buch ist, dass du eine Woche lang regelmäßig mit Gott und Göttin Kontakt aufnehmen sollst, indem du zu ihnen betest und Zeit mit ihnen verbringst.

Ich stamme aus einer nichtgläubigen Familie und konnte damals das ganze Konzept von Gott oder anderen Gottheiten überhaupt nicht nachvollziehen. So schreckte mich der Beginn dieses Buches so dermaßen ab, dass ich mir dachte: „Ist das Magie? Machen sowas Hexen? Wenn ja, dann ist das vielleicht doch nichts für mich." Ich legte das Buch und das ganze Thema entmutigt wochenlang beiseite und das alles nur, weil ich nicht wusste, was Wicca eigentlich ist.

Glücklicherweise entschloss ich mich dazu, noch nicht aufzugeben, und las noch andere Bücher, wodurch ich dann doch noch den für mich passenden Weg gefunden habe.

Damit dir nicht das Gleiche wie mir passiert und dir unbekannte Begriffe oder Vorurteile deinen Pfad versperren, erkläre ich dir nun einige Grundbegriffe. Es sind ein Paar Themen dabei, die du vielleicht schon kennst, aber ich bitte dich, dir dennoch die Bedeutung durchzulesen. Ich bin mir sicher, dass du trotzdem etwas dazulernen kannst, und darum geht es doch: lernen, verstehen und dadurch wachsen.

Hexe

Der genaue Ursprung des Begriffs „Hexe" ist nicht ganz klar. Er wird oft mit dem althochdeutschen Wort *hag*, das Hecke oder Zaun bedeutet, in Verbindung gebracht. Im Englischen ist *hag* auch heute noch eine Bezeichnung für Hexe. Die Verbindung kommt daher, dass sich die Hexen oftmals in der Nähe von Hecken oder Wäldern aufhielten, weil sie wahrscheinlich nicht im Zentrum der Aufmerksamkeit stehen wollten. Als Hexe wurden überwiegend Frauen bezeichnet, die als Heilerin oder Kräuterkundige tätig waren. Sie lebten gerne etwas abgeschieden, da ihre Dienste schon damals mit Argwohn betrachtet wurden. Die Menschen konnten durch fehlende Forschung und Bildung nicht verstehen, warum eine Krankheit auf *magische* Weise mit ein paar Pflanzen geheilt werden konnte.

Im Laufe der Zeit wurde die Bedeutung des Begriffs jedoch deutlich negativer und mit dem Teufel und der schwarzen Hexerei in Verbindung gebracht. Der Glaube an eine böse Macht zieht sich schon lange durch die Geschichte der Menschheit, und wenn eine Person unerklärliche Dinge vollbringt, liegt die Beschuldigung nicht fern, sie hätte einen Pakt mit dem Bösen, der schwarzen Macht, geschlossen.

Viele Jahrhunderte lang wurden Frauen und Männer immer wieder der bösen Hexerei beschuldigt und deshalb verfolgt und getötet.

Dies entwickelte sich im 16. und 17. Jahrhundert zu einer regelrechten Hexenverfolgung, bei der tausende unschuldige Menschen, hauptsächlich Frauen, beschuldigt wurden, mit dem Teufel im Bunde zu sein und Hexerei zu praktizieren. Die Anschuldigungen führten zu grausamen Verhören, Folterungen und Hinrichtungen auf dem Scheiterhaufen. Überall in Europa, insbesondere in Deutschland, Frankreich und England, wurde Jagd auf Hexen gemacht.

Die Gründe für die Hexenverfolgung waren vielfältig und reichten von religiösen Konflikten bis hin zu sozialen Spannungen. Die Art und Weise, wie bewiesen wurde, dass jemand eine Hexe sei, ist aus heutiger Sicht absolut abscheulich und absurd.

Die Hexenverfolgung ist ein schwerwiegendes historisches Ereignis. Ich kann dir nur einen Bruchteil der Informationen vermitteln, aber es ist mir wichtig, wenigstens zu erwähnen, warum der Begriff so negativ behaftet ist. Die Übermittlungen der damaligen Geschehnisse sind grauenhaft und abstoßend, doch, wie alles Vergangene, sind sie ein Teil der Geschichte der Menschheit. Es ist wichtig zu verstehen, worauf die Vorurteile, Beschimpfungen und Abneigung gegenüber uns Hexen stammen. Ich empfehle jedem, sich noch tiefer über dieses Thema zu belesen, als ich es in diesem Buch vermitteln kann. Sei dir aber bewusst, dass die Geschehnisse von damals sehr brutal und wirklich unvorstellbar sind. Achte auf deine eigene mentale Gesundheit und setze dich keinen Themen aus, die eine negative Belastung in dir auslösen könnten.

Die Hexenverfolgung wird als dunkles Kapitel der Geschichte betrachtet und als Beispiel für die Gefahren von Massenhysterie und Vorurteilen gegenüber Minderheiten angesehen.

Der Begriff „Hexe" beschreibt heute eine Person, die sich mit spirituellen Praktiken, Naturheilkunde oder Magie beschäftigt. Dennoch hat das Wort eine negative Konnotation behalten, weshalb „so eine Hexe!" immer noch als Beleidigung verwendet wird.

Die Kräfte der Hexerei wurden ursprünglich überwiegend Frauen zugeschrieben. Männer waren eher als Alchemisten tätig, wurden aber als „Hexer" bezeichnet. Heute sind Hexen und Hexer ebenbürtig. Nur wenige Praktiken lehren, dass ein Geschlecht eine besondere Kontrolle über Energie hätte. Das Interesse an Magie macht dich nicht alleine zu einer Hexe. Sich so zu nennen, ist eine Sache des persönlichen Wachstums. Deine Stärken und Schwächen anzuerkennen, dich als Mensch weiterzuentwickeln und deine Verbindung zur Magie zu stärken, werden dich fühlen lassen, wenn du bereit bist, dich Hexe zu nennen.

Wicca

Ursprünglich hat das Wort „Wicca" nur „Hexer" bzw. „Zauberer" bedeutet. Die weibliche Form hieß „wicce" und wurde im 16. Jahrhundert ins moderne Englisch als „witch" übersetzt. Die Mehrzahl hieß „wiccan" und wird von einigen noch heute als Plural verwendet. Jedoch ist diese Grammatik seit dem 16. Jahrhundert theoretisch veraltet und „Wicca" ist heute Singular wie Plural.

Wicca ist eine Form der Religion und kein Begriff für bestimmte Regeln oder Vorgehensweisen. In Amerika ist Wicca eine gesellschaftlich anerkannte Religion. Unter dem Überbegriff gibt es mehrere Gruppen, sogenannte „Wicca-Traditionen". Diese Gruppen gehen alle für sich ihre eigenen Wege und können eigene Regeln und Glaubenswahrheiten aufstellen. Wicca selbst beschreibt eigentlich nur, dass du einer dieser Wicca-Traditionen angehörst und ihr zusammen euren Gottheiten, Regeln und Grundsätzen folgt.

Ursprünglich entstanden die ersten Wicca-Traditionen um 1960 in Großbritannien, die heute als „British Traditional Wicca" bekannt sind. Aus diesen ersten Traditionen stammen auch die gängigsten Vorurteile, wie der Glaube an Gott und Göttin, Initiationsrituale mit Hohepriesterin und Hohepriester oder das Praktizieren in Coven.

„Coven", zu Deutsch auch „Hexenzirkel", sind Gruppen von Hexen mit gleichen Zielen und Ansichten. Zum Beispiel treffen sie sich miteinander, um gemeinsam magisch zu wirken. Ein Coven kann auch sehr streng sein und seinen Mitgliedern strikte Grenzen geben. Das ist zwar heutzutage nicht mehr üblich, kann aber trotzdem noch vorkommen.

Wicca-Traditionen sind heute sehr vielseitig und haben viele Bereiche von alten Kulturen, Mythen und Praktiken wiederaufleben lassen. Ein Merkmal, das sie alle teilen, ist, dass es nicht nur um das Ausleben der eigenen Religion geht, sondern auch um das Studieren und Aufarbeiten des zugrunde liegenden Glaubens. Einige Traditionen beschäftigen sich mit sehr altem und teilweise verlorengegangenem Wissen. Ein großer Bestandteil ist dann, die alten Bräuche zusammenzutragen, nach Überlieferungen zu recherchieren und als Coven die Rituale zu rekonstruieren und wieder aufleben zu lassen.

Übrigens besteht eine Wicca-Tradition nicht zwingend nur aus Coven und ein Coven gehört auch nicht zwingend einer Wicca-Tradition an!

Da sich Wicca-Traditionen mehrfach aufgeteilt, weiterentwickelt und neuformiert haben, gibt es leider viele Feindseligkeiten zwischen den Gruppen. Unterschiedliche Wertvorstellungen, Organisationsstrukturen und Streitigkeiten über neue Entdeckungen haben jahrzehntelange Rivalitäten hervorgebracht. Genauso wie im Christentum gibt es auch einige Traditionen, die sich als die „einzig Wahren“ ansehen und alle anderen Gruppen als falsch und ungültig abstempeln. Ein Beispiel für solche dogmatischen Gruppen wäre das gardenische Wicca von Gerald Gardener.

Pentagramm

Das Pentagramm (altgriechisch: „pentágrammos“, zu Deutsch „Fünf Linien“) ist wohl das bekannteste Symbol für Okkultismus, Esoterik, aber auch für Satanismus und die Freimaurer. Es wird auch Pentakel oder Drudenfuß genannt, wenn es in einem Kreis dargestellt wird. Eine weitere Bezeichnung ist Pentalpha, weil es sich durch fünf ineinanderstehenden Alphas bilden lässt.

Ein heutzutage weit verbreiteter Irrglaube ist, dass das Pentagramm ein Zeichen des Teufels ist. Dieses Gerücht stammt aus der Zeit der Christianisierung. Damals wollte die Kirche das Kreuz als das einzig wahre mächtige Symbol durchsetzen, weshalb sie versuchte, jede Verwendung anderer Symbole zu unterbinden. Sie verteufelten den Stern aufgrund seiner mathematisch-heidnischen Herkunft.

Tatsächlich wurde das Pentagramm eigentlich ursprünglich ebenfalls von der Kirche verwendet. Es stand für die fünf Wunden, die Jesus vor seinem Tod erleiden musste. Noch heute finden sich Pentagramme als Ornamente, Fenster oder als Dekoration in alten Kirchen, sogar umgedrehte Pentagramme können noch an Kirchen gefunden werden, die Gründe dafür sind umstritten. Erst Mitte des 1900 Jahrhunderts wurde das Pentagramm erstmals von okkulten Bewegungen als Symbol des Teufels verwendet. Die Verbindung kommt durch die Ausrichtung des Sterns. Wenn das Pentagramm auf einem Zacken steht, kann ein Ziegenkopf eingefügt werden. Die lange Schnauze zeigt nach unten, die Hörner füllen die oberen zwei Ecken aus und die langen Ohren die restlichen zwei. Der Teufel wurde und wird immer noch als Mann mit Ziegenkopf dargestellt, wodurch diese Assoziation entsteht.

Heute nutzen diverse Medien, Bands, Schmuck- und Bekleidungshersteller das Pentagramm als Mode-Accessoire. Es wird auf Kleidung gedruckt, als Anhänger verkauft oder ziert das Cover eines Albums. Durch die negative Historie des Symbols sehen viele Menschen das Pentagramm noch immer als Zeichen des Bösen. Das machen sich manche Marken zunutze.

DAS PENTAGRAMM IN ANDEREM KONTEXT

So gut wie jede Kultur und Religion hat das Pentagramm schon einmal verwendet oder spricht ihm noch immer eine Bedeutung zu. Hier ein paar Beispiele:

- Im asiatischen Raum und im Buddhismus wird das Pentagramm mit den von den jeweiligen Kulturen anerkannten Elementen in Verbindung gebracht.
- Im Mittelalter galt es als Schutzsymbol vor bösen Geistern.
- Im frühen Christentum stand es für die fünf Wunden Jesu.
- In der Antike war es das Symbol für die Göttinnen Ceres und Venus.
- Bei den alten Griechen wurde es von Pythagoras und seinen Anhängern verehrt, da der Goldene Schnitt in dem Symbol zehn Mal vorkommt. Deshalb galt das Pentagramm für Pythagoras als Inbegriff von geometrischer Harmonie und Schönheit.
- Für die Freimaurer stand es für die fünf Freimaurer-Tugenden: Klugheit, Gerechtigkeit, Stärke, Mäßigung und Fleiß

Von modernen Hexen wird das Pentagramm heute auch noch sehr gerne verwendet. Wenn der Stern mit einem Zacken nach oben zeigt, gilt es als starkes Schutzsymbol. Es repräsentiert für viele magisch Praktizierenden die fünf Elemente: Äther, Wasser, Feuer, Erde und Luft (von der Spitze aus, nach rechts, im Uhrzeigersinn). Durch diese Verbindung der Elemente wird es häufig für Beschwörungen und andere aktive Einsätze der Elemente verwendet.

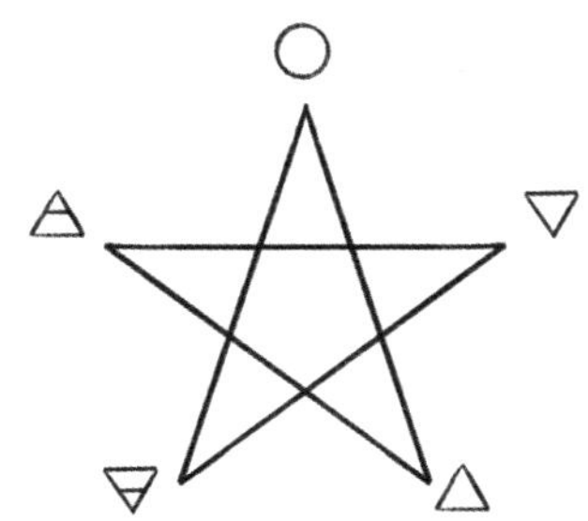

Esoterik

Dieser Begriff hat aktuell keine allgemein anerkannte Definition. Esoterik (altgriechisch ἐσωτερικός [esōterikós] „innerlich“) bezeichnet eigentlich die Lehre innerhalb eines gewissen Kreises. Die Informationen sind geheim und stehen der Öffentlichkeit nicht zur Verfügung. Den genauen Gegenpol bildet Exoterik. Sie beschreibt die Allgemeinlehre, also für jeden frei zugängliches Wissen.

Mittlerweile wird Esoterik als oftmals abwertender Begriff für Menschengruppen verwendet, die Anhänger oder Vertreter von fragwürdigen Lehren sind. Fragwürdig ist aber natürlich ein sehr dehnbarer Begriff.

Oftmals werden Praktiken und Methoden verschiedener religiösen Strömungen zusammengewürfelt und als eine ganz neue und vor allem absolute Lösung dargestellt. Dabei werden manchmal auch Naturgesetzte oder wissenschaftliche Beweise ignoriert oder falsch dargestellt. So entsteht durch das Handeln Einzelner ein negativer Gesamteindruck über den Begriff.

Hexerei ist allerdings ebenso nicht wissenschaftlich bewiesen und kann als *fragwürdig* bezeichnet werden. Was unterscheidet uns also?

Wenn wir die erste Definition verwenden, stimme ich zu, dass Hexen teilweise als Esoteriker bezeichnet werden können. Wie schon erwähnt, möchten manche Praktizierende das Wissen über Magie geheim halten. Ich aber zum Beispiel wäre dann keine Esoterikerin, weil ich das Wissen ja offen mit allen teile. Also ist diese Beschreibung sehr schwierig zu verwenden.

Naturheilkunde

Ursprünglich war Naturheilkunde (auch „Pflanzenheilkunde“) nur das Wissen, dass die Produkte der Natur eine medizinische Wirkung haben.

In den letzten Jahren wurde auch dieser Begriff oft zweckentfremdet, um nicht-empirisch bewiesene Heilmethoden zu bewerben. Auch Homöopathie wird manchmal fälschlicherweise als Naturheilkunde bezeichnet. Jedoch bezeichnet Naturheilkunde nur das Behandeln von Beschwerden mit pflanzlichen Stoffen wie ätherischen Ölen, Wurzeln, Extrakten oder naturnahen Verarbeitungsmethoden wie Salben oder Tees. Die Wirksamkeit der Produkte ist oftmals medizinisch erwiesen im Gegensatz zu zum Beispiel Homöopathie.

Paganismus

Paganismus, auch Heidentum genannt, bezeichnet Religionen und deren Anhänger, die nicht einer monotheistischen Religion angehören. Monotheismus ist der Glaube an nur einen einzigen allmächtigen Gott. Glaubenssysteme, die diese Ansicht vertreten, sind unter anderem das Judentum, Christentum und der Islam.

Paganismus, abgeleitet vom lateinischen Wort paganus („heidnisch“, wörtlich: „ländlich“, oder auch pagus „Dorf“), bezieht sich auf Glaubenssysteme, die oftmals deutlich näher mit der Natur, den Elementen und dem Kosmos in Verbindung stehen. Außerdem verehren sie eine Vielzahl von Gottheiten, was auch als Polytheismus bezeichnet wird. Die Vielfalt innerhalb des Paganismus ist groß, und es gibt zahlreiche Variationen und Traditionen. Darunter zählen zum Beispiel Wicca, Ásatrú (germanischer Glauben), Schamanismus und viele andere.

Die häufigsten FAQs für Anfänger

Gerade am Anfang, wenn du deine ersten Schritte in die Welt der Magie setzt, kann es sein, dass du schnell auf grundsätzliche Fragen stößt, die dich zum Stocken bringen. Es ist ganz natürlich, dass du dich diese Dinge fragst. Ich habe ein paar Fragen gesammelt, die mir sehr oft gestellt werden. Gerade Anfängern hoffe ich, gute Antworten geben zu können und bestehende Unsicherheiten zu nehmen. Auch möchte ich an dieser Stelle erwähnen, dass es keine Frage gibt, die dumm oder unnötig ist. Magie bzw. Hexerei ist ein extrem großes und manchmal kompliziertes Feld. Wir kennen diese zwei Begriffe meist nur im Zusammenhang mit Fantasie-Geschichten, und deswegen ist es total in Ordnung, auch mal absurde Fragen zu stellen. Es ist sogar sehr wichtig, denn das bedeutet, dass du lernen willst. Also stelle so viele Fragen, wie du nur kannst, denn das ist es, was dich weiterbringt.

✦ **Kann jeder eine Hexe werden? Auch Männer?**
Ja, jeder trägt die Kraft dafür in sich, du musst nur lernen, sie einzusetzen. Männer können sich Hexer nennen oder ebenfalls einfach Hexe.

✦ **Sind Magier und Hexen dasselbe?**
Ja, beide arbeiten mit der gleichen Kraft. Früher waren Magier offiziell Angestellte der Adelsfamilien bzw. später des Staates und Gelehrte an Akademien, während Selbstständige und zivile Heilerinnen, meistens von kirchlicher Seite, als Hexen bezeichnet wurden.

✦ **Ich habe bereits einen Glauben. Kann ich trotzdem eine Hexe werden?**
Ja, das kannst du. Jede Kultur hat Heilkundige, Orakel und Menschen, die übernatürliche Verbindungen besitzen. Ob sie dabei nun Schamanen, Seher, Völva, Druide, Magister oder eben auch Hexe heißen, ist nicht wichtig. Das wirklich Wichtige ist, dass du selbst einen Weg der Magie mit dir und deinem Glauben vereinbaren kannst, ohne dich schuldig oder falsch zu fühlen.

✦ **Gibt es ein Mindestalter?**
Nein, gibt es nicht, aber du solltest in der Lage sein, reflektiert über dein Handeln und dessen Konsequenzen nachzudenken. Wenn du magisch handelst, trägst du dabei eine Verantwortung, die nicht unterschätzt werden darf. Auch solltest du ein Bewusstsein für Gefahren wie Feuer und giftige Stoffe haben.

Manche erlernen das Wissen schon von klein auf, andere entdecken ihre Verbindung erst, nachdem sie ihr halbes Leben bereits gelebt haben. Es gibt kein „zu spät", um Hexerei zu erlernen.

✦ Muss ich von Hexen abstammen, um selber eine Hexe werden zu können?
Nein, das musst du nicht. Ich selbst habe auch nicht von meiner Familie oder Verwandten gelernt.

✦ Verwenden Hexen Glaskugeln und einen Zauberstab?
Nicht zwingend, es sind aber Hilfsmittel, die von manchen Praktizierenden gerne verwendet werden. Ich gehe ab Seite 85 näher auf gängige Hilfsmittel ein.

✦ Können Hexen auf Besen fliegen und Zauber ausführen wie zum Beispiel in *Harry Potter*?
Nein, das können sie nicht (siehe dazu S. 34).

✦ Arbeiten Hexen mit Teufel und Dämonen zusammen?
Es gibt Hexen, die das tun, aber das hängt von der persönlichen Glaubensrichtung und Orientierung jedes einzelnen Praktizierenden ab. Die Arbeit einer Hexe setzt nicht voraus, dass du mit diesen Wesenheiten arbeitest! Du musst dich aktiv für eine solche Zusammenarbeit entscheiden. Ich würde grundsätzlich davon abraten, mit Energien zu arbeiten, die du nicht verstehst und die dir und anderen schaden können. Wenn du mehr über Entitäten und der Arbeit mit ihnen erfahren willst, lies dich vor zu Seite 81.

✦ Sind Hexen gut oder böse?
Weder noch und sowohl als auch, die Entscheidung über die eigenen Taten trifft jeder für sich. Hexen sind Menschen und können so wie jeder andere auch Gutes tun, ihren Menschen und der Natur helfen, genauso können sie aber auch anderen Schaden zufügen und Unheil bringen. Wenn du dich für eine Handlung entscheidest, musst du dir ihrer Konsequenzen bewusst sein und selbst die Verantwortung dafür tragen.

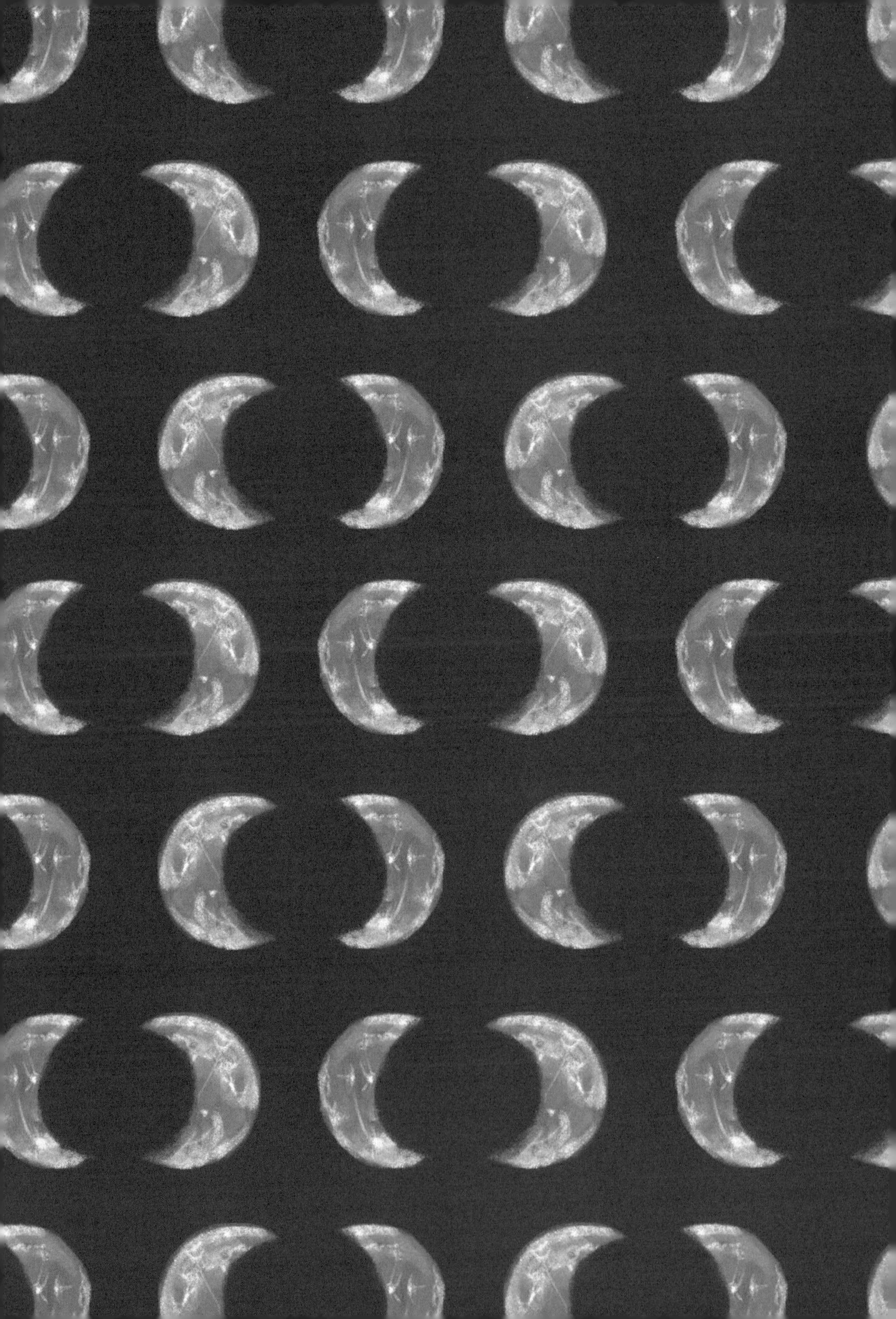

Kapitel 2

DIE GRUNDLAGEN

Weiter geht's auf unserer Reise,

die uns durch die Mysterien der Hexerei führt. Nachdem wir bereits einige grundlegende Konzepte durchleuchtet haben und uns einen kleinen Einblick in die Geschichte der Magie verschafft haben, ist es nun an der Zeit, einen tieferen Blick auf die Fundamente zu werfen. Ich weiß, dass du vermutlich kaum noch abwarten kannst, selbst in die Welt der Magie einzutauchen. Doch bevor wir uns kopfüber hineinstürzen, sollten wir sicherstellen, dass wir ein solides Verständnis für die Grundlagen haben, um unsere Reise auf festem Boden zu beginnen.

In diesem Kapitel werden wir uns nicht nur mit den Definitionen und Theorien auseinandersetzen, sondern auch tiefer in die Materie eintauchen, um ein umfassendes Verständnis für das Wesen der Magie zu entwickeln.

Was ist Magie?

Was genau ist jetzt eigentlich diese Kraft, mit der wir Hexen arbeiten? Was genau ist diese „Magie“? Das Wort hast du sicherlich schon oft gehört, aber jeder Mensch versteht wahrscheinlich etwas anderes darunter.

Für ein besseres Verständnis möchte ich kurz aufführen, zwischen welchen drei Arten von Magie ich unterscheide.

✦ **Magie:** Eine Bezeichnung für etwas Übernatürliches, Unvorstellbares oder Wunderschönes. Zum Beispiel wird eine Blumenwiese im Sonnenaufgang als „magischer Anblick“ bezeichnet.

✦ **Magick:** kommt aus dem Englischen und bezeichnet die Magie, die Hexen wirken. Diese Bezeichnung wurde erschaffen, um die Magie (eng. magic) von der Hexenmagie schriftlich unterscheiden zu können.

✦ **Fantasie-Magie:** Beschreibt die Magie, wie sie in Büchern und Medien dargestellt wird. Beispielsweise leuchtende Blitze aus Zauberstäben, fliegende Besen, etwas aus dem Nichts erschaffen.

Wir reden in diesem Buch über „Magick“-Magie. Da ich aber kein Freund von englisch durchsetzten Büchern bin, werde ich trotzdem weiterhin das Wort Magie zur Beschreibung verwenden. Leider gibt es im Deutschen keine dedizierte Beschreibung für solches Wirken, deswegen geben wir uns mit dem zufrieden, was uns unsere Sprache bietet.

Um verstehen zu können, was Magie ist, müssen wir uns zuerst ein wenig in unserer Umgebung umsehen. Alles um dich herum trägt Energie in sich. Diese Energie kannst du nicht fassen oder optisch sehen, sie ist aber in jedem Objekt und in jedem Lebewesen vorhanden. Deine Zimmerwand, dein Handy, deine Kleidung, deine Bilder an der Wand, aber vor allem die Natur. All das trägt Energie in sich, manches schwächer, manches stärker.

Es gibt zwei Arten von Energie in jedem Objekt. Eine **Grundenergie,** die nicht verändert werden kann, und eine **bewegliche Energie,** die sich ändern und weitergegeben werden kann. Die Grundenergie bleibt immer in dem Objekt und bewegt sich erst, wenn das Objekt zerstört wird oder das Lebewesen stirbt. Die bewegliche Energie kannst du dir vorstellen wie eine Hülle, die jedes Objekt umgibt, sie wird **Aura** genannt. Je nachdem wie stark die Aura des Objektes ist, desto größer ist die Hülle, die es umgibt.

Der Begriff stammt ursprünglich übrigens aus dem lateinischen *aura* und heißt Lufthauch, Lichtglanz oder Dunst. Auren können verschiedene Formen und Farben haben. Menschen haben ebenfalls eine Aura. Sie wird, anders als bei Objekten, sehr stark von unseren Emotionen beeinflusst.

Das Aussehen deiner Aura geht von dir selbst aus, je nachdem welche Gefühle und Emotionen du gerade hast. Vielleicht hast du schon einmal den Ausdruck „Energie fließt" gehört? So kann man es sich in etwa vorstellen. Ein Fluss, der dich umgibt und sich mit dir bewegt.

Wenn eine Energie besonders stark ist, kann sie sich auf ihre Umgebung übertragen. Das nennt sich dann Schwingung. Stell dir es in etwa so vor, dass die Wellen, die dich umgeben, größer und stärker werden. Diese großen schwingenden Energien können so stark sein, dass sie die anderen Energien um sich herum überlagern. Ein schönes Beispiel hierfür ist gute Laune und Glücklichsein. Vielleicht hast du es selber schon einmal erlebt, dir selbst ging es nicht so gut, du warst vielleicht sogar traurig. Dann kam jemand zu dir, der gute Laune hatte. Diese Person hat dich dann angelacht, dir ein Kompliment gemacht oder sich mit dir unterhalten, und deine Stimmung wurde automatisch besser. Dabei hat sich die positive Energie der einen Person auf die andere, also dich, übertragen.

Ein weiteres gutes Beispiel ist Wut, ebenfalls eine sehr starke Energie. Wut ist genauso wie Freude eine extrem starke Emotion und trägt somit eine große Energie in sich. Wenn nun ein Mensch sehr wütend ist, strahlt er diese Energie sehr weit aus. Seine Aura schwingt in großen Wellen um ihn herum. Da es eine so starke Kraft ist, kann es gut sein, dass andere Menschen sich gegen diese andere, stärkere Kraft nicht wehren können. Sie nehmen sie dann auf und bekommen selber schlechte Laune. Keine Sorge, du kannst dich gegen dieses Schwingen schützen, darauf gehen wir später noch genauer ein (siehe S. 137 *Schutz*).

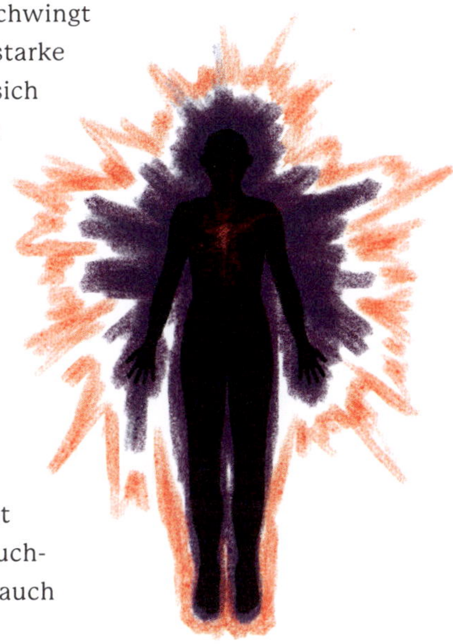

Dass Energie sich überträgt, funktioniert übrigens auch bei allem anderen so. Es muss nicht unbedingt ein anderer Mensch sein, dessen Energie so stark schwingt. Wie vorher schon gesagt, trägt alles Energie in sich. So kann auch ein Video, eine Buchzeile, ein Tier oder Musik deine Stimmung, also auch deine Schwingung und Aura verändern.

Das bedeutet, dass allem, dem du viel Aufmerksamkeit schenkst, mehr Energie zugeteilt wird. Das, worauf du dich konzentrierst, wird dadurch stärker. Das kann sehr positiv sein, zum Beispiel wenn du gut gelaunt an einem Projekt arbeitest, kann dir das zusätzliches Glück für dieses Projekt bringen. Genauso kann es aber auch ein Problem schwerer und größer machen. Denkst du zum Beispiel die meiste Zeit an etwas, was dich belastet, wird dieses Problem immer größer und mächtiger. Denn damit ziehst du zusätzlich negative Energien an. Versuche in solchen Situationen deine Gedanken und Taten beziehungsweise deine Energie und Schwingungen bewusst auf die positiven Aspekte zu lenken. Findest du in deinem Problem vielleicht sogar eine gute Seite? Fokussiere deine Energie auf die Lösung, versuche dich nicht selbst in einen Abgrund aus negativem Schwingen zu ziehen (mehr dazu auf S. 46, *Schattenarbeit*).

Die Energie folgt der Aufmerksamkeit.

Okay, alles schön und gut. Deine eigene Energie fließt und du steuerst sie größtenteils durch deine Emotionen und Gefühle. Aber wie sollst du mit Energie arbeiten, wenn du sie weder sehen noch anfassen kannst? In den folgenden Kapiteln werde ich dir die Grundlagen aufschlüsseln, deine eigene Körperenergie erklären und dir Übungen an die Hand geben, mit denen du lernen kannst, selber Energie zu spüren.

Wie wirkt Magie?

Du weißt jetzt, dass du selbst und alles um dich herum Energie in sich trägt. Dass diese Energie schwingt und sich übertragen kann. Diese Fähigkeiten machen wir Hexen uns zunutze. Denn wir ziehen Vorteile aus den verschiedenen Schwingungen der unterschiedlichen Energien um uns herum.

Hexen können Energie nehmen, geben und zusammenführen. Diese Arbeit nennen wir zaubern. Von magischen Zaubern hast du bestimmt schon mal in einem Buch oder Film gehört. Es sind diese meistens durch einen Zauberspruch, einen Zauberstab oder eine Handbewegung hervorgerufene Kräfte, die urplötzlich und sofortig eine Veränderung hervorrufen. Wie am Anfang schon erwähnt, funktioniert Magie in unserer Welt leider nicht ganz so einfach. Eine Bewegung mit dem Zauberstab oder ein Spruch reichen leider nicht aus. Aber dennoch sind wir in der Lage, mithilfe von Magie unsere Umwelt zu verändern.

Wenn wir zaubern, nehmen wir uns ein Ziel voraus. Dann ziehen wir Energie aus verschiedenen Materialien und formen sie zu dem, was unser Ziel ist. Das klingt für dich bestimmt etwas seltsam, du kannst Energie ja nicht anfassen und in eine bestimmte Form biegen. Nein, aber du kannst sie spüren. Denn:

Energie geht nie verloren. Sie wird weitergegeben und umgeformt, aber sie verschwindet nie.

Selbst die Grundenergie von toten Lebewesen und kaputten Objekten bleibt bestehen. Sie wird optisch umgewandelt in Asche oder Schrott, aber die ursprüngliche Kraft bleibt dennoch bestehen. Okay, aber wie wirkt denn dann ein Zauber? Alle Energien um uns herum sind miteinander verbunden. Ich nenne es gerne das Universum, auch wenn das rein wissenschaftlich nicht korrekt ist. Aber das Wort Universum beschreibt die Gesamtheit von allem innerhalb seiner Ausmaße. Raum, Zeit, Materie und eben auch Energie. Für unsere Zwecke können wir es also das *Energie-Universum* nennen. Da viele Kulturen an eine Form von Energie glauben, könnten wir es auch ein spirituelles Universum nennen. Denn alle Gedanken, Glaube und Hoffnungen existieren in diesem Netz aus Energie. Von überall auf der Welt nur mit verschiedenen Bezeichnungen.

Während du einen Zauber ausübst, öffnest du deinen Geist und verbindest dich mit dem Energie-Universum. Du übergibst neue Energie in das Energie-Universum, und dort fügt sie sich dann in die restlichen Energieströme ein. Jetzt beginnt dein Zauber zu wirken und bringt Veränderung.

DEINE ENERGIE SPÜREN LERNEN

Diese Übung lässt dich auf ganz einfache Art deine eigene Energie zum ersten Mal spüren. Sie stammt aus der Energielehre der Chakren. Chakren oder andere auf körpereigener Energie basierende Lehren sind nicht zwingend notwendig, um Hexerei auszuüben, aber ich empfinde es als eine schöne Eröffnung deiner Arbeit, deine eigene Energie kennenzulernen. Diese Übung war für mich der Beginn einer Reise voller Emotionen und Erlebnisse. Der Moment, in dem ich sie zum ersten Mal durchführte, war so kraftvoll und spannend, dass in mir das Bedürfnis nach mehr Wissen, mehr Verständnis, mehr von diesem Empfinden meiner eigenen Kraft geweckt wurde. Ich hoffe, in dir damit ähnliche Emotionen zu entfachen. Fangen wir also an!

Nimm dir etwas Zeit, suche dir einen ungestörten Ort und komm zur Ruhe. Keine Sorge, für diese Übung benötigst du keine Vorkenntnisse oder besondere Fähigkeiten.

Begib dich in eine gemütliche Position, ob auf einem Stuhl, einem Bett oder dem Boden, völlig egal, es muss für dich bequem sein. Atme ein paar Mal tief ein und aus, das hilft dir, dich zu beruhigen. Lege nun deine Handflächen aufeinander. Der Winkel und die genaue Position sind dabei egal. Ich persönlich finde es am angenehmsten, die Hände hochkant vor der Brust zu halten, wie auf der Zeichnung abgebildet.

Konzentriere dich nun auf deine Handflächen. Schließe deine Augen, um äußere Einflüsse bestmöglich auszublenden. Stell dir vor, wie sich all deine Energie in deinen Handflächen sammelt. Um es deiner Vorstellungskraft einfacher zu machen, gib deiner Energie eine Form und Farbe. Ich selbst stelle mir meine eigene Energie immer als goldenen Nebel vor. Stelle sie dir so vor, wie du dich damit wohl fühlst. Es ist deine eigene Energie, die du nach deinen Vorstellungen formst.

Wenn deine Energie ein Bild in deinem Kopf angenommen hat, stell dir anschließend vor, wie sie zu deinen Händen wandert. Erinnerst du dich an die Worte „Energie fließt"? Stell dir deine Energie wie kleine Energie-Flüsse vor, die um deine Arme fließen. Diese Flüsse strömen aus deinem Körper zu deinen Handflächen. Dort wird die Ansammlung an Energie immer größer und stärker.

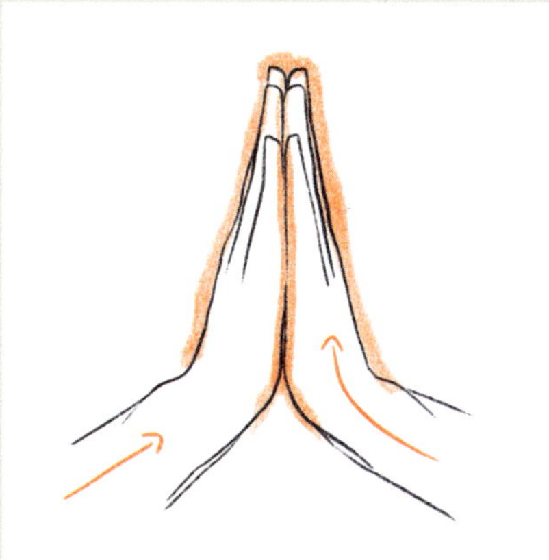 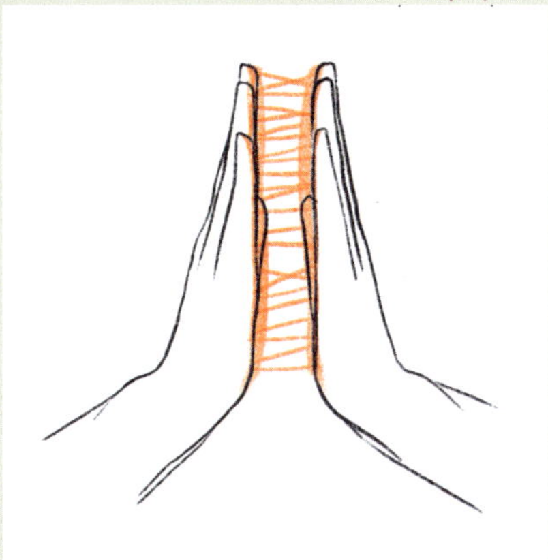

Wenn du das Gefühl hast, genug Energie zwischen deinen Händen zu spüren, nimmst du deine Handflächen ein kleines Stück auseinander. Nur ein paar Zentimeter, nicht zu weit. Jetzt fängst du an, in deiner Vorstellung ein Netz zwischen deinen Händen zu weben. Jeder Faden, den du spinnst, verstärkt die Verbindung zwischen deiner linken und deiner rechten Hand. Während du webst, solltest du nun langsam schon eine Anziehung zwischen deinen zwei Handflächen spüren können. Verbinde so viele Fäden, wie du möchtest.

Wenn du bereit bist, bewege deine Hände ganz langsam weiter voneinander weg. Das kannst du ebenfalls wieder in Zentimeter-Schritten machen. Wenn deine Hände nun ein kleines Stück voneinander entfernt sind, und du spürst, dass das Netz sicher und stark genug ist, versuche sie leicht entgegengesetzt voneinander nach links und rechts zu drehen. Du wirst feststellen, dass das irgendwie nicht mehr so leicht geht. Deine Hände sollten sich immer wieder in ihre Ausgangsposition zurückbewegen wollen.

Das klingt vielleicht beim ersten Lesen seltsam, aber man muss es selber gespürt haben, um es glauben zu können. Lass dir viel Zeit, spiele mit der Energie zwischen deinen Händen und spüre sie. Ich verstehe nur zu gut, wie viel Vorfreude und Aufregung einen antreibt, aber Magie ist keine Arbeit, die man in Hektik ausführen kann. Ach, und wenn es beim ersten Mal nicht direkt klappt, probier es einfach nochmal!

Was sind die Grenzen von Magie?

Ich hoffe, dass du gerade begeistert und freudestrahlend vor diesem Buch sitzt. Mit einem Kribbeln zwischen deinen Fingern und der Wärme deiner eigenen Energie auf der Haut. Ich möchte dein Interesse nicht mindern, aber es gibt noch einen sehr wichtigen Punkt zu besprechen, bevor du tiefer in die Welt der Hexerei eintrittst. Und zwar, dass Magie ihre Grenzen hat.

Selbst viele Praktizierende sind sich nicht immer darüber einig, was Magie wirklich bewirken kann. Der Glaube und die eigene Meinung können die Sicht auf diese Frage maßgeblich beeinflussen. Fest steht, dass Magie nichts von alleine vollbringen kann. Sie ist keine eigenständige Person, die alleine agieren kann. Magie ist eine Kraft, die im Hintergrund und im Unterbewusstsein wirkt. Sie zeigt sich allerdings durchaus in Ergebnissen, sonst wäre dieses Buch ja sinnlos.

Ich möchte dir ein paar Beispiele nennen, was Magie nicht bewirken kann, damit du ein besseres Verständnis für ihre Grenzen bekommst.

Du kannst nicht unsichtbar werden. Du kannst deinen physischen Körper auch nicht an einen anderen Ort teleportieren. Du kannst nicht fliegen, weder auf einem Besen noch auf anderen Utensilien. Du kannst keinen Schneesturm aus dem Nichts heraufbeschwören oder das Wetter schlagartig ändern. Du kannst keinen Todeszauber aussprechen, der dein Gegenüber sofort tot umfallen lässt. Du kannst keine Krankheiten heilen, weder physische noch psychische (jeder, der dir einen Edelstein verkaufen will, der Krebs heilen können soll, sollte nicht zu ernst genommen werden). Der Mond, die Sonne und alle anderen Planeten können nicht von dir gesteuert werden. Auch Entitäten wie Geister, Dämonen und vor allem Götter und Elemente können nicht beeinflusst werden. Sie können dir helfen und mit dir arbeiten, aber du wirst nie Herr über sie sein.

*Manche Dinge können nicht verändert werden.
Andere sollen es einfach nicht.*

Der ein oder andere mag über diese Informationen nicht überrascht sein, aber das sind tatsächlich alles Antworten auf Fragen, die mir zum Thema schon mehrfach gestellt wurden. Magie kann beeinflussen – nichts von Grund auf erschaffen.

Zum Beispiel kann eine Hexe mit ihrer Magie eine Flamme größer werden lassen, sie kann die Kerzenflamme aber nicht von alleine entfachen. Sie kann mit viel Übung ihren Geist lösen und außerkörperliche Erfahrungen machen.

Sie kann Geld mit einem Langzeitzauber anziehen. Sie kann an einem Sommertag die Wolken am Himmel vertreiben. Sie kann einen anderen Menschen verzaubern oder verfluchen und somit eingeschränkt beeinflussen. Sie kann sich mit ihren mentalen Problemen auseinandersetzen und so versuchen, ihre eigenen Themen zu bearbeiten. Die beliebtesten Bereiche für Zauber sind:

HINWEIS
Hexerei ist nicht die Lösung für alle Probleme. Sie kann dich unterstützen, aber sie ersetzt auf keinen Fall professionelle Hilfe von Ärzten oder Therapeuten. Um eine Wirkung zu erzielen, benötigt es immer deine eigene Initiative.

- Liebe (Beziehung, Freundschaft und Familie)
- Geld
- Erfolg (persönliche sowie geschäftliche Ziele)
- Glück in jeglicher Hinsicht
- Energetischer Schutz

Aus was setzt sich ein Zauber zusammen?

Jetzt wo du weißt, was Magie ist, können wir einen Schritt weiter gehen. Und zwar, wie du Magie formst. Einige Punkte habe ich bereits beiläufig erwähnt, aber nun möchte ich nochmal detailliert auf jeden einzeln eingehen.

Du weißt bereits, dass Hexen Energie aus anderen Objekten ziehen können. Du selbst bist dabei aber die Kraft, die sie lenkt und formt. Deine eigene mentale Arbeit, während du einen Zauber durchführst, ist maßgeblich für sein Ergebnis. Um diesen Vorgang zu verstehen und umzusetzen, werden Zauber in drei Bestandteile aufgeteilt: Intention, Visualisierung und Manifestation.

Intention

Deine Intention ist das Ziel, das du mit deinem Zauber erreichen möchtest. Sie wird auch Absicht oder Bestreben genannt. Nichts wird ohne einen bestimmten Grund durchgeführt, auch kein Zauber. Hinter jedem Zauber steht ein Ziel, das er ermöglichen soll.

Deine Intention definiert deinen Zauber. Es ist von unglaublicher Wichtigkeit, dass die Intention deines Zaubers dir wirklich klar ist. Ich habe dir erklärt, dass ein Zauber wirkt, indem du ihn in das Energie-Universum gibst. Aber dieses Universum ist so riesig und unendlich, dass eine Energie, die du dort hineingibst, ganz klar formuliert sein muss, um an ihr Ziel zu gelangen. Ein Teil der Wirkung deines Zaubers besteht also aus dem Grund, warum du den Zauber überhaupt durchführen willst und was du mit ihm erreichen willst.

Wenn du einen Zauber durchführen möchtest, beantworte dir vorher diese Fragen, um sicherzugehen, dass deine Intention klar definiert ist.

- Was möchtest du mit deinem Zauber erreichen? Wem dient das Ergebnis?
- Worauf konzentriert sich dein Zauber? Auf eine Person, eine Situation, einen Gegenstand?
- Was soll er beeinflussen? Wer oder was ist dabei inbegriffen und was nicht?
- Zu welchem Zeitpunkt soll dein Zauber in Kraft treten?

Um dir die Wichtigkeit deiner Intention zu verdeutlichen, möchte ich dir ein Beispiel geben. Nehmen wir an, dein Auto ist kaputt und du benötigst dringend ein neues, weil du nächste Woche zu einem wichtigen Termin fahren musst. Busse und Bahn erreichen dein Ziel nicht. Also führst du einen Zauber aus mit der Intention, ein neues Auto zu bekommen. Auf was musst du jetzt achten?

Du möchtest mit deinem Zauber ein neues Auto erhalten. Soll es dein eigenes sein? Kann es auch geliehen oder gemietet sein? Dein Termin ist dein Ziel und du bist vom Ergebnis betroffen. Kannst du das noch genauer definieren? Nimm zum Beispiel die Adresse mit in deine Intention auf, um dein Ziel noch klarer darzustellen. In diesem Beispiel ist der Zeitrahmen der entscheidende Punkt. Du musst ganz klar sein mit der zeitlichen Einschränkung, die du hast.

Ganz wichtig! Dein Zauber wird immer im Präsens formuliert. Das heißt, du sagst:

„Ich habe ein Auto, um zu meinem Termin zu fahren."

Und nicht zum Beispiel: „Ich *hätte* gerne ein Auto, um zu meinem Termin zu fahren“. Du musst bestimmt sein und dich durchsetzen. Du wirst gleich noch mehr dazu erfahren.

WOHER KOMMEN DIE ERGEBNISSE?

Die Frage des Woher oder auch Wie du etwas bekommst bleibt bei vielen Zaubern offen. Das ermöglicht dem Energie-Universum, sehr flexibel und kreativ auf deine Bitte zu antworten. Wenn du es zu sehr einschränkst, wie zum Beispiel, dass das Auto dir geschenkt werden und ein SUV sein soll und gleichzeitig eine zeitliche Grenze von drei Tagen angibst, verringerst du die Erfolgschancen enorm. Ohne zeitliche Einschränkung wäre dieser Zauber deutlich wahrscheinlicher, aber innerhalb so kurzer Zeit stößt das meiner Meinung schon etwas an die Grenzen der Magie. Aber hey, probiere es gerne aus! So vieles ist mit Hexerei möglich, von dem ich eigentlich dachte, es ginge nicht. Sei bei deiner Intention einfach immer klar und bestimmt, aber auch realistisch.

Visualisierung

Diesen Teil hast du in der vorherigen kleinen Übung bereits unbewusst angewendet. Visualisierung ist deine Fähigkeit, dir Dinge bildlich vorzustellen.

Wenn du ein Buch liest oder dir jemand eine Geschichte erzählt, entstehen in deinem Kopf Bilder von dem beschrieben Szenario. Das ist deine visuelle Vorstellungskraft. Du kannst mit deinem inneren Auge Dinge sehen, die du noch nie in echt gesehen hast. Diese Fähigkeit ermöglicht es dir, Bilder und Szenen zu erschaffen. In Zaubern verfolgst du oft Ziele, die noch nie zuvor geschehen sind, weshalb diese Vorstellungskraft dir hilft, das gewünschte Ziel zu verbildlichen.

In der Hexerei ist es essentiell, ganz genau zu wissen, was du erreichen möchtest. Dafür muss deine Intention klar definiert sein, und dann gibt eine visuelle Vorstellung dem Ganzen das nötige Feuer. Nehmen wir an, du möchtest gerne mehr Geld erhalten, weil du gerne mit deiner Familie in den Urlaub gehen möchtest. Deine Intention definiert, wofür und bis wann der Zauber in Kraft treten soll.

Jetzt kommen wir wieder zur Formulierung zurück. Dein Zauber heißt zum Beispiel: „Ich werde mit meinen zwei besten Freunden im August nach Schweden in das Hotel XY in den Urlaub fahren.“ Damit ist das *Wer, Wann* und *Wofür* klar angegeben. Eine bildliche Vorstellung gibt dem Ganzen nun Form und Leben.

Du stellst dir vor, wie du mit deinen Freunden am Strand liegst, ihr durch Wälder wandert oder wie auch immer für dich Urlaub aussieht. Dabei musst du auch hier wieder ganz genau sein. Versuche so viele Details wie möglich zu schaffen. Versuche auch deine Sinne mit einzubinden, um das Bild noch realer werden zu lassen. Stell dir zum Beispiel vor, wie du die Luft des Waldes einatmest, das Knacken der Äste unter deinen Füßen hörst und die Rinde der Bäume unter deinen Fingerspitzen entlang. Visualisiere die Zukunft, um ihr einen Raum und eine Bedeutung zu geben.

Manifestation

Als letzter der drei Punkte kommt dann die Manifestation. Sie ist das Schloss, das Siegel, das deinen Zauber fest verschließt und sicherstellt, dass er wirkt. Der Begriff Manifestation beschreibt das Sichtbarmachen von Dingen aller Art, die vorher nicht da waren. Das ist genau das, was bei Zaubern passiert. Du hast gerade die Zukunft mit fester Intention visualisiert und setzt sie dadurch in die Realität um – du manifestierst sie. Es ist die physische Umsetzung deiner Gedanken und Ziele.

Nehmen wir nochmal das Beispiel von dem Urlaub in Schweden. Die Manifestation wäre es, dir zu diesem Zeitpunkt frei zu nehmen, nach Unternehmungen in der Umgebung zu recherchieren und dir passende Kleidung zusammenzusuchen, obwohl der Urlaub noch nicht gebucht ist. Damit manifestierst du durch deine Handlungen und den fokussierten Zeitpunkt, dass dein Ziel in die Wirklichkeit umgesetzt wird.

Die Hilfsmittel und Materialien, die Hexen verwenden, werden in Zauber zusammengefügt und geben so deinem Ziel eine physische Form. Manche Hexen sind der Meinung, es brauche keine anderen Utensilien außer deiner eigenen Energie, um einen Zauber zu wirken. Andere wiederum sagen, es braucht auf jeden Fall welche. Ich bin ebenfalls davon überzeugt, dass Werkzeuge, Stoffe und andere Ausrüstung einen wichtigen Teil in der Praxis spielen.

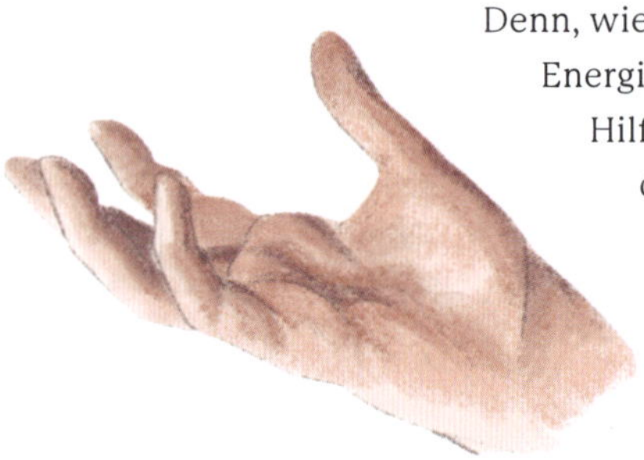

Denn, wie ich vorher schon erläutert hatte, trägt jedes Objekt Energie in sich. Dies ist der Grund, warum Materialien und Hilfsmittel genauso wichtig sind beim Zaubern wie deine eigene Kraft. Du bist der Kern, das Glühen des Feuers und die führende Hand bei der Arbeit.

Aber die Energien der Kräuter, Edelsteine, Zeichen und anderen Utensilien, die du lenkst, verbindest und kombinierst, sind dein

Brennholz. Sie sind der Grund, warum dein Vorhaben Form, Farbe und einen eigenen Körper annehmen kann. Ihre Energie fließt in deinem Sinne und formt deinen Wunsch. Du manifestierst, du erschaffst etwas zuvor nie Dagewesenes. Oft ist ein bestimmtes Material sogar unbedingt erforderlich, um einen Zauber durchführen zu können, trotzdem muss auch ich sagen, dass nicht immer absolut alles notwendig ist. Gerade wenn du noch sehr jung bist oder Hexerei erst entdeckt, kannst und willst du dir nicht sofort alle speziellen Materialien kaufen. Und das ist ebenso richtig wie ein voll ausgestattetes Zimmer gefüllt mit jedem Kraut, Objekt und Hilfsmitteln, die du dir vorstellen kannst. Manche Hexen arbeiten mit weniger Zusätzen als andere und manche Hexen mögen einfach nicht so viel Krimskrams (ich gehöre übrigens zu den Krimskrams-Hexen, die alles, was sie finden, mitbringen und horten).

Wie wirst du selbst eine Hexe?

Jetzt wo du schon so viel über Magie gelesen hast und auch schon deine eigene gespürt hast, fragst du dich bestimmt, wie du denn nun eigentlich zu einer Hexe werden kannst. Du willst ja schließlich dieses wunderbare Wissen anwenden.

Du ahnst es vielleicht schon, aber auch auf diese Frage gibt es keine klare Antwort. Es gibt keine Prüfung, keinen Erfolg, den du erlangt haben musst, um dich eine Hexe nennen zu dürfen. Hexe sein kommt aus deinem Herzen. Trotzdem finden sich in einigen Büchern und Gruppen aus Praktizierenden sogenannte Initiationen. Das ist meistens ein Ritual oder eine Handlung, die dich dann offiziell zur Hexe macht. Solche Praktiken sind keine allgemein anerkannte Vorgehensweise, aber es kann dem ein oder anderen doch sicher helfen, eine Richtlinie und Orientierung zu haben.

Du kannst aber natürlich auch ganz ohne Initiation einfach entscheiden, Hexe zu sein, und musst auch keinem Coven dafür angehören. Es gibt aber ein paar Ansätze, die meiner Meinung nach essentiell für den Fortschritt deiner Arbeit sind, egal ob du einer Gruppe angehörst oder allein praktizierst. Es schadet auch keiner erfahrenen Hexe, sich diese Punkte noch einmal ins Gedächtnis zu rufen.

✦ **Lass dir Zeit!** Du musst nicht alles gleichzeitig lernen können und das

verlangt auch keiner von dir. Niemand urteilt über dich oder beobachtet dich. Fokussiere dich als Erstes wirklich nur auf die Grundlagen. Sie sind das Fundament deiner Arbeit. Wenn das nicht stabil und sicher ist, könntest du in der Zukunft Probleme damit bekommen.

Du bist nicht weniger eine Hexe, nur weil du noch mit keiner Gottheit gearbeitet oder ein mächtiges Ritual durchgeführt hast. Auch nicht, wenn du immer wieder die Bedeutung von Kräutern nachschlägst oder dich einfach noch nicht für ein Interessengebiet entscheiden konntest.

Setze dich nicht unter Zeitdruck, nur um dich selbst besser zu fühlen. Du wirst niemals alles wissen können, und dir das bewusst zu machen, ist enorm viel wert. Denn dadurch nimmst du die Last von deinen Schultern, perfekt sein zu müssen. Keine Hexe weiß alles. Das ist total normal und vollkommen in Ordnung. Probiere dich aus, entdecke dich, hab Spaß an diesem neuen und spannenden Abenteuer!

✦ **Recherchiere und sammle Referenzen!** Eine ordentliche Recherche ist bereits der halbe Erfolg für dein Vorhaben. Deswegen scheue dich nicht, zu einem Thema einfach nachzuforschen. Schau dir Videos an, lies Bücher und Artikel, alles, was du finden kannst. Versuche so viel wie möglich und, am allerwichtigsten, von verschiedenen Quellen zu erfahren. Verlasse dich niemals auf die Aussage einer einzigen Ressource. Bei manchen Themen mag das etwas schwierig sein, wenn du zum Beispiel etwas zu einer ganz bestimmten Gottheit aus einer nicht weit erforschten Kultur lernen möchtest. Für viele einfachere Themen lässt sich das allerdings gut anwenden.

Diese Vorgehensweise nennt sich *„to cross reference"*, direkt übersetzt heißt das so viel wie „Kreuz-Referenz" oder „gekreuzte Referenz". Das bedeutet, dass du zwei Quellen, deine Referenzen, miteinander vergleichst und schaust, ob sie sich überschneiden, also kreuzen.

Nimm dir zum Beispiel ein Kraut und schlage seine Bedeutung nach. Nimm dir nun mindestens zwei weitere Quellen und lies dir dort zu demselben Kraut die Information durch. Wenn sich die Informationen überschneiden, sich also ähnlich sind, kannst du relativ sicher sein, dass sie richtig sind. So kannst du auch sehr einfach gute Ressourcen für die Zukunft herausarbeiten.

Sollte eine Quelle andere Informationen enthalten als alle anderen, ist es allerdings nötig, diese Information weiter zu überprüfen. Das bedeutet, du suchst zu dieser Aussage weitere Quellen.

Du kannst auch versuchen, andere Informationen von der gleichen Seite mit dir vertrauten Quellen zu vergleichen und zu überprüfen. Sollten dir vermehrt unterschiedliche Informationen in einer Quelle auffallen, kannst du sie für deine späteren Recherchen streichen oder nur noch mit Vorsicht verwenden, wenn du keine Alternative findest.

✦ **Hinterfrage alles!** Ähnlich wie beim Recherchieren möchte ich dir hier einen weiteren Anstoß zum Nachdenken geben. Manchmal reicht es nicht, einfach nur irgendwelche Informationen zu lesen, du musst sie auch verstehen. Frage dich, warum Dinge so sind, wie sie sind. Ich gebe dir ein Beispiel: Warum wird Kiefernharz als Stoff zur energetischen Reinigung genutzt? Weil Harz ein sehr wertvoller Stoff der Natur ist. Es trägt die konzentrierte Lebensenergie des Baumes in sich, es ist sein Blut. Außerdem wirkt Kiefernharz desinfizierend, was es zu einem optimalen Stoff zur Reinigung macht (energetische Reinigung siehe S. 126). Zusätzlich zu einem tieferen Verständnis für ein Thema merkt sich unser Gehirn auch Dinge deutlich besser, wenn wir uns intensiv mit ihnen auseinandersetzen. Wenn du nur die Bedeutungen von verschiedenen Pflanzen auswendig lernst, wirst du länger brauchen, sie dir zu merken, als wenn du zu jeder Pflanze recherchierst und eine Verbindung zu ihr aufbaust.

✦ **Vertraue deiner Intuition!** Deine Intuition wird im weiteren Verlauf des Buches noch eine

große Rolle spielen, denn sie ist eine deiner stärksten Fähigkeiten. Sie ist deine rechte Hand, die dir hilft, wenn du mal nicht weiterweißt. Als ich meine erste Kräutermischung zusammenstellte, wusste ich die ganzen Wirkungen der einzelnen Kräuter noch nicht auswendig. Ich habe einfach zusammengemischt, was sich für mich stimmig angefühlt hat. Später schaute ich dann die Bedeutungen der einzelnen Bestandteile nach und stellte fest, dass alles ziemlich gut zu meiner Intention gepasst hat.

Das soll jetzt nicht heißen, dass du nichts mehr nachschlagen sollst, doch solltest du dir mal unsicher sein, wird dir deine Intuition bestimmt weiterhelfen. Die meisten Menschen beschreiben ihre Intuition als ein Gefühl im Körper, das man nicht wirklich lokalisieren kann. Deswegen wird es auch gerne Bauchgefühl genannt. Deine Intuition kann sich aber auf ganz verschiedene Arten bemerkbar machen, manchmal auch als Kopfschmerz, ein Ziehen im Körper oder Gänsehaut.

✦ **Mache Fehler!** Ein Zauber wird wahrscheinlich nicht gleich beim ersten Mal funktionieren, vielleicht auch nicht beim zweiten Mal. Das macht aber nichts, denn bei jedem Versuch lernst du etwas. Was hat nicht gestimmt? Waren die Hilfsmittel nicht die richtigen? War es nicht der richtige Zeitpunkt? Je mehr Fehler du machst, desto mehr lernst du und das ist, wie wir bereits wissen, etwas Gutes. Wenn mal etwas schiefgeht, lass den Kopf nicht hängen und gib bitte nicht gleich auf. Erlaube dir zu testen und zu probieren, auch wenn dabei mal nicht alles perfekt nach Plan läuft. Auch in der Hexerei gelten die weisen Worte: „Übung macht den Meister."

Wie aktivierst du deine eigene Energie?

Deine eigene Energie wird die Hauptressource deiner magischen Arbeit sein. Du hast sie bereits in der kleinen Übung von Seite 32/33 gespürt. Nun wollen wir uns deine ganz eigene Energie noch einmal etwas genauer anschauen. Woher kommt sie? Wie kannst du lernen, dauerhaft auf sie zuzugreifen?

In der Energie-Übung habe ich dich gebeten, deiner Energie mit deinem inneren Auge ein Aussehen zu geben. Eine klare visuelle Vorstellung deiner eigenen Energie ist sehr wichtig. Sie vereinfacht es dir deutlich, deine Kraft zu nutzen.

Du hast deiner Energie bei der Übung wahrscheinlich sehr spontan ein Bild gegeben. Erinnere dich daran zurück und spüre, ob diese Form dir gefällt. Oft entscheidet sich dein Bauchgefühl bereits für etwas, mit dem du dich wohl fühlst, aber überarbeite das Aussehen gerne nochmal und gib ihm Details.

Wenn du ein klares Bild von deiner eigenen Energie hast, kannst du nun viel leichter Übungen und später Zauber durchführen. Dir deiner Energie klar zu werden, ist der erste Schritt, es gibt aber noch viele Methoden, die dir helfen, besser und fokussierter auf deine Energie zuzugreifen. Einige davon stelle ich dir im Folgenden vor.

Meditation – Den inneren Fokus finden

Oft wird unser Kopf von vielen Gedanken beschäftigt und abgelenkt. Habe ich die Wäsche schon aufgehängt? Wann war mein Arzttermin nochmal? Für manche von uns sind diese Gedanken, diese unermüdliche Stimme im Kopf, sogar eine schwere Belastung. Jeder wünscht sich doch einmal einen Moment Ruhe, Zeit zum Durchatmen. Keine unnötigen Gedanken mehr, keine Sorgen mehr, die durch den Kopf wandern. Das Ziel einer Meditation ist es, diesen inneren Ruhezustand zu erreichen. Für uns Hexen ist es ein besonders wichtiger Zustand, denn er wird benötigt, um den inneren Fokus zu finden und damit wirksam Rituale und Zauber durchzuführen. Meditation ist zum Glück aber nicht nur schweigend im Lotossitz stillsitzen mit den Händen vor der Brust.

Ruhe-Methoden

Okay, die Ruhe-Meditation ist genau das, was ich meinte, was Meditation nicht sein muss. Doch gib dem Ganzen eine Chance. Solltest du wissen, dass diese Form der Meditation wirklich überhaupt nichts für dich ist, kannst du auch direkt zum nächsten Punkt springen. Der ist dann für dich mehr von Interesse.

Bei der Ruhe-Meditation geht es darum, durch Ruhe zu entspannen. Doch Meditation ist nicht gleich Meditation. Du musst zum Beispiel nicht auf dem Boden sitzen, um zu meditieren. Wenn es dir im Stehen, auf einem Stuhl sitzend, liegend im Bett oder zusammengekuschelt auf dem Sofa besser gefällt, dann meditierst du einfach dort!

Es gibt unterschiedlichste Formen der Meditation, eine der bekanntesten ist die Atem-Meditation. Dabei wird bewusst Fokus auf deine Atmung gelegt, um dadurch Ruhe in deinen Körper zu bringen. Deine Atmung ist die einzige überlebenswichtige Funktion deines Körpers, die du selbst beeinflussen kannst. Mit gezielten Atemübungen kannst du deinen Körper beruhigen oder auch in andere Zustände versetzen. Denk nur daran, wie du atmest, wenn du in Panik oder gestresst bist. Dann geht deine Atmung schnell und hektisch. Genauso kannst du sie aber auch bewusst langsamer werden lassen und dich dadurch beruhigen. Dies ist wichtig, um deine Mitte zu spüren und deine Energie wirken zu lassen.

Die Atem-Meditation ist, meiner Meinung nach, ein sehr schöner Einstieg für Ungeübte und Anfänger. Es gibt unzählige Anleitungen und geführte Meditationen auf YouTube. Zum Beispiel Musik, die dir einen Atemrhythmus vorgibt, oder eine Stimme, die mit dir atmet und dir hilft, deine eigenen Gedanken loszulassen.

Bewegungen als Meditation

Hast du schon einmal den Moment erlebt, bei dem du in einer Tätigkeit völlig Zeit und Raum um dich vergessen hast? Vielleicht bist du ein leidenschaftlicher Koch oder malst für dein Leben gerne. Wenn du in dieser Tätigkeit bist, gibt es nichts anderes mehr für dich, nur noch die Gerüche der Gewürze, die deinem Essen den letzten Schliff geben, oder der Pinselstrich, der der Szenerie Leben einhaucht. Diese völlige Konzentration ist ebenfalls eine Form der Meditation.

Natürlich gibt es auch Tage, an denen du dich nicht völlig fallen lassen kannst. Das Essen muss besonders schnell gehen, dein Reißverschluss geht kaputt oder du findest ganz einfach nicht in deinen Fluss. Das ist vollkommen in Ordnung.

Sport ist übrigens auch sehr bewährt, um deinen Geist zu klären. Es muss nicht mal schwerer Leistungssport oder ein Fitness-Studio sein. Ein Spaziergang, ein paar Übungen zu Hause können auch schon ausreichen. Probiere dich selbst aus und versuche eine Tätigkeit zu finden, in der du dich durch und durch wohlfühlst, die du mit Leidenschaft ausführst. Führe diese Tätigkeit, die dich zur Ruhe bringt, vor deiner magischen Arbeit aus. Du wirst einen deutlichen Unterschied spüren können. Und mit der Zeit wird es dir immer leichter fallen, in diesen Zustand zu finden. Es ist wie vieles im Leben eine Gewohnheit.

Wenn es nicht sofort klappt, lass dich nicht unterkriegen. Gerade all diejenigen, die von Natur aus deutlich größere Schwierigkeiten haben, sich zu fokussieren. Durchatmen und neu versuchen. Es wäre falsch zu sagen, ich weiß, wie ihr euch fühlt, aber ich glaube an euch. Ich glaube an dich. Magie ist ein Geschenk, das jede Person erhalten hat, und du wirst deinen Weg finden. Das ist es, worum dieses ganze Buch geht, deinen ganz eigenen Weg.

TIPP

Falls du gerne bewegte Meditation ausprobieren möchtest, aber nicht so recht weißt, was du tun sollst, probiere doch einfach mal aus, aufzuschreiben, was du magst. Was begeistert dich? Was fasziniert dich? Was macht dich glücklich? Die Antworten auf diese Fragen sind alles Dinge, die deine Energie zum Fließen bringen.

Deine inneren Schatten kennenlernen

In diesem Kapitel werden wir uns mit einem Thema beschäftigen, das nicht nur deine magische Entwicklung betrifft. Es geht darum, sein tiefstes Inneres kennenzulernen und zu erfahren, was unter der Oberfläche liegt. Diese Arbeit ist nicht leicht und kann emotional sehr schmerzhaft sein, doch sie ist unglaublich wichtig für dich.

Was hat emotionaler Schmerz mit deinem Hexendasein zu tun? Jeder Mensch hat seine eigene Energie und jeder kann mit Übung auf sie zugreifen. Allerdings fällt das manchen Menschen schwerer als anderen. Egal wie viel du trainierst und übst, es gibt manche Gründe, warum deine Energie nicht richtig zugänglich ist. Das nennen wir eine Blockade. Deine Energie kann aus unterschiedlichsten Gründen blockiert sein. Was diese sein können und wie du sie lösen kannst, schauen wir uns in diesem Kapitel an.

Es gibt unzählige Lehren aus verschiedenen Kulturen, die Systeme entwickelt haben, die erklären, wie und wo die Energie genau in unserem Körper zu finden ist. Zum Beispiel das System der Chakren oder aber die chinesische Akupunktur und der daraus resultierende Begriff „Meridian“, der in der westlichen Welt verwendet wird. Die meisten dieser uns bekannten Lehren stammen aus den östlichen Ländern der Welt, doch haben sie, unabhängig von ihrer Herkunft, eins gemeinsam: Sie beschäftigen sich mit inneren Gefühlen, Empfindungen und Erlebnissen, um die Energie zum Fließen zu bringen.

Egal ob du eines der eben genannten Systeme verwenden möchtest oder nicht, was sie dich alle auffordern zu tun, nennen wir Hexen im allgemeinen Schattenarbeit (eng. *shadow work*). Das beschreibt die Arbeit mit deinem tiefsten Inneren, deinen dunkelsten Ecken, deinen Schatten. Ein Schatten im Inneren klingt erstmal böse und unheilvoll, aber lass dich davon nicht verunsichern. Stellen wir doch erstmal die Frage, was dein Schatten überhaupt ist.

Was ist dein Schatten?

Dein Schatten besteht aus Erfahrungen, die du gemacht hast, die dich emotional belastet haben und den daraus resultierenden negativen Emotionen. Oft erkennen wir nicht direkt, wenn eine Situation für uns bedrückend ist, oder wir wissen es und wollen es aber nicht sehen. Dann schieben wir diese Emotionen in unseren Schatten und verdrängen sie darin. Dadurch wächst dein Schatten aber leider nur und wird mit der Zeit immer schwieriger zu bearbeiten.
Der größte Anteil unseres Schattens stammt aus unserer Kindheit und Jugend, der Zeit, in der wir oft noch keine eigenen Entscheidungen treffen konnten

und kein Gespür für unsere seelische Belastbarkeit hatten. Denn natürlich haben wir schon als Kinder und Jugendliche eine Seele, die Emotionen erfährt und mit ihren Auswirkungen umgehen muss.

Leider wissen wir in diesem Alter oft nicht, wie das geht, und verstehen selbst nicht so recht, was eigentlich los ist. Egal von wann oder von wo solche verdrängten Erlebnisse kommen, irgendwann machen sie sich in dir bemerkbar, als dein Schatten. Deine dunkle Seite ist der Teil von dir, der plötzlich wütend wird, der sich missverstanden fühlt oder der sich vor anderen verschließt. All dies sind körperliche und geistige Reaktionen auf unverarbeitete Ereignisse.

Jeder Mensch hat einen Schatten. Manche einen größeren, manche einen kleineren, aber jeder hat schon mal etwas verdrängt und ignoriert. Hexen beschäftigen sich mit ihrem Schatten, um ihre eigenen Emotionen und Gedanken besser verstehen zu können. Das ist wichtig für die magische Arbeit, denn deine Energie wird von diesen unverarbeiteten Emotionen blockiert.

Wie arbeitest du an deinem Schatten?

Seinen eigenen Schatten zu bearbeiten ist nicht einfach, aber möglich. Du musst dich ganz genau unter die Lupe nehmen. Und das Schwerste dabei, du musst knallhart und ehrlich zu dir sein. Im Prinzip könnte man diese Arbeit auch als Selbsttherapie bezeichnen, aber es hat sich der Begriff der Schattenarbeit etabliert.

Wo fängst du mit der Suche an? Beobachte deine Gedanken und dein Verhalten. Nimm dir ein Papier und einen Stift und frage dich „Was triggert mich?" oder zuerst auch „Was nervt mich?", „Was macht mich traurig?".

WAS IST EIN TRIGGER?

Ein Trigger ist ein Auslöser. Das kann eine Handlung, ein Satz, ein Geruch, ein Geräusch oder ein Ort sein. Ein Trigger löst eine unterbewusste Reaktion in dir aus, du wirst zum Beispiel wütend. Schlimmstenfalls können Trigger sogar Panikzustände auslösen, wenn ein tiefsitzendes, unverarbeitetes Trauma wieder hochschwappt. Deine Reaktion ist oft weder für dich noch für deine Mitmenschen nachvollziehbar und in einigen Fällen triggert ihr euch mit eurem Verhalten sogar gegenseitig. Wenn du nicht weißt, was dich triggert, kann es dir helfen, in deinem Verhalten nach möglichen Reaktionen eines Auslösers zu suchen. Um dir eine Idee zu geben, wie eine Trigger-Reaktion aussehen kann, habe ich folgende Beispiele aufgelistet:

- Du wirst unverhältnismäßig schnell wütend.
- Du nimmst vieles persönlich und fühlst dich entweder schnell angegriffen und versuchst dich zu verteidigen oder gibst dir selbst die Schuld und fängst an, an dir selbst zu zweifeln.
- Du verfällst in eine Starre und versuchst alles um dich herum auszublenden.

Schreibe alles auf, was dir einfällt. Such dir dann ein Thema heraus, mit dem du anfangen willst. Frage dich, warum du getriggert wurdest. Zum Beispiel: Was ist passiert oder was hat die Person gesagt? Wenn du das herausfindest, kannst du noch einen Schritt tiefer gehen und dich fragen, warum. Warum hat mich genau diese Situation getriggert? Das ist deine unterste Ebene, der Ort, an dem deine verdrängten Erinnerungen und unverarbeitete Erlebnisse vergraben sind. Es ist sehr gut möglich, dass du nicht beim ersten Mal auf die Antwort kommst, auch nicht beim zweiten oder dritten Mal. Dein Gehirn hat diese Dinge früher mit Absicht weggesperrt, und sich selbst wieder aufzuschlüsseln ist extrem schwierig.

Die Gründe für einen Schatten sind nicht für jeden Menschen gleich. Menschen reagieren unterschiedlich auf verschiedene Erlebnisse und gehen auf unterschiedliche Weise damit um. Auch besteht ein Schatten sehr oft aus vielen Schichten, die miteinander zusammenhängen. Sich in diesem Netz aus alten Problemen zurechtzufinden, kann sehr schwer sein. Um dir die Suche nach deinem Warum vielleicht ein wenig einfacher zu machen, habe ich dir ein paar Gründe zusammengetragen, die sehr oft ein Auslöser für einen Schatten sein können.

✦ **Deine Eltern:** Haben sie dir nie etwas erlaubt? Haben sie für dich alles organisiert? Waren sie oft wütend auf dich? Haben sie gute Leistungen von dir erwartet? Natürlich sind das starke Negativbeispiele, aber sehr oft üben Erwachsene starke emotionale Belastung auf Kinder aus, ohne das überhaupt selbst wahrzunehmen. Selbstverständlich wünscht sich eine Mutter, dass ihr Kind gut in der Schule ist, die Frage ist aber, wie sie damit umgeht und es kommuniziert.

✦ **Deine Mitmenschen:** Genauso wie das Verhalten deiner Eltern wirkt sich auch das Verhalten deines Umfeldes auf dich auf. Vor allem Kinder können unglaublich verletzend zueinander sein, ohne ihr eigenes Verhalten überhaupt wirklich wahrzunehmen. Waren sie nur mit dir befreundet, wenn du einen bestimmten Faktor erfüllt hast (zum Beispiel Kleidung oder Handy)? Haben sie dich zu Dingen überredet, die du eigentlich nicht machen wolltest? Haben sie dich ausgelacht oder dir Streiche gespielt? Genauso wichtig für ein Kind sind auch Bezugspersonen wie Lehrer, Erzieher oder Trainer außerhalb des schulischen Rahmens (Fußball spielen, Gitarre lernen oder Reiten).

✦ **Stark einschneidende Erlebnisse:** Sie werden auch Traumata genannt. Solche Ereignisse sind prägend für deine Gedanken und Handlungen und können in jedem Alter stattfinden. Beispiele sind: Missbrauch jeglicher Form (emotional, körperlich, verbal), Gewalt jeglicher Form oder Kriegserlebnisse.

Und was machst du, wenn du dein Warum kennst? In den meisten Fällen ist jemand anderes der Grund, warum dein Schatten entstanden ist. Leider bist du das Wesen, das mit den Auswirkungen leben muss. Jetzt darfst du aber nicht aufgeben und denken, du könntest an deinen Problemen nichts ändern! Es ist unglaublich schwer, ein Trigger-Verhalten abzulegen, aber fang am Anfang erstmal damit an, überhaupt wahrzunehmen, wenn du in einer Trigger-Reaktion steckst. Das Erkennen an sich ist schon ein großer Schritt in die richtige Richtung! Dann kannst du dich selbst und dein Umfeld darüber informieren und versuchen, dir Zeit zu geben oder etwas zu tun, was dich aktiv wieder zurückholt. Schatten sind oftmals sehr schwer zu bearbeiten und es wird wahrscheinlich eine ganze Weile dauern, bis du deine abschwächen kannst, aber gib nicht auf! Hab immer das Ziel vor Augen: ein bewusstes Verständnis über deine Gefühle und Gedanken.

So, das war jetzt ein ganz schön krasser Exkurs in die Selbstentwicklung und Eigenreflexion. Gerade Schattenarbeit ist ein so intensives Thema, dass ich das halbe Buch damit füllen könnte. In der Welt außerhalb der Magie wirst du ihr vielleicht nicht als Schattenarbeit begegnen, dort heißt es inneres Kind, Persönlichkeitsentwicklung oder schlichtweg Therapie. Ich kann jedem nur ans Herz legen, sich damit auseinanderzusetzen. Es wird dir so unglaublich viel in deinem normalen Alltag weiterhelfen und auch deine magischen Fähigkeiten enorm voranbringen. Denn nur mit gelösten Blockaden kannst du dein ganzes Potenzial voll ausschöpfen.

Erden – deine Wurzeln zur Erde

Nach der nervenaufreibenden Schattenarbeit geht es nun wieder an etwas Ruhigeres. Egal ob du nun gerade von einem Exkurs in deine innere dunkle Seite kommst oder nicht, manchmal fühlt man sich einfach nicht gut! So ist das nun mal. Entweder hat man schlechte Laune, ist unkonzentriert oder fühlt sich überfordert. Es gibt unzählige Gründe, warum man sich hin und wieder nicht in seiner eigenen Mitte befindet. Ich bin selbst oft überfordert, habe Panik, ob ich das Geplante schaffen werde oder ob ich das Richtige tue. Dann hilft es mir, mich zu erden. Unsere Welt ist so voller Ablenkung, Medien und ständigen Einflüssen, dass eine Erinnerung an unsere Wurzeln manchmal richtig guttun kann. Erdung ist eine Form Meditation, die dazu dient, Emotionen und Taten zu regulieren und sich wieder auf das Hier und Jetzt fokussieren zu können. Es ist eine Praxis, die dich wieder mit deinem Ursprung, der Natur, in Verbindung bringen soll.

DIE STÄRKSTEN WURZELN – BÄUME UMARMEN

Ein Baum hat wie jede andere Pflanze auch ein eigene Energie, und dabei sogar eine sehr starke. Deshalb werden sie gerne als Entspannung genutzt, indem man sie umarmt und sich an ihrer starken Energie sozusagen ausruhen oder anlehnen kann. Das ist eine sehr schöne Erfahrung, aber bitte frage einen Baum vorher immer, ob er gerade bereit ist, dich zu stützen. Ich mache das, indem ich meine Handflächen ein paar Zentimeter über der Rinde schweben lasse und dann entweder direkt meine Bitte ausspreche oder sie in Gedanken formuliere. Im Normalfall bekommst du dann einen Impuls, ob sich deine Hände oder sogar dein ganzer Körper weiter zur Rinde hinbewegen oder davon weg. Wenn gar nichts passiert, solltest du auch lieber gehen, denn dann hat deine Bitte den Baum nicht erreicht.

Wie erdest du dich?
Eines der beliebtesten Beispiele für Erdung ist, barfuß über eine Wiese zu gehen oder einen Baum zu umarmen. Das sind das zwei schöne und wirksame Arten, aber es geht auch noch anders.

Bei der Erdung geht es darum, deine innere Stabilität wiederzufinden oder deine Verbindung zu dir selbst zu vertiefen. Am besten machst du das, indem du deine körpereigenen Sinne aufleben lässt. Das erhöht die Verbindung zu deinen eignen Fähigkeiten und Gefühlen und bringt dich in deine Mitte. Viel zu oft entfernen wir uns im Alltag von unseren körperlichen Bedürfnissen und Empfindungen. Eine Erdung dient dann als Reaktivierung dieser Gefühle. Um dir eine paar Beispiele zu nennen:

- Gartenarbeit. Deine Hände in Erde graben, die Pflanzen berühren, sie riechen und dich um ihre Bedürfnisse kümmern.
- Dich unterhalten. Höre die Stimme eines bekannten Menschen, bei dem du dich wohl fühlst.
- Spazieren gehen, vielleicht an einen besonderen Ort. Die Natur sehen, hören und riechen.
- Yoga, Qigong oder Tai-Chi. Jegliche Form der bewusst geführten körperlichen Bewegung. Entweder aktivierendes, kraftvolles Yoga oder beruhigendes Yoga, je nachdem, was du gerade benötigst.

ERDUNGSÜBUNG – DEINE WURZELN FINDEN

Die folgende Übung wirkt beruhigend, bringt Fokus und hilft dir sehr gut, einen konzentrierten Zustand zu erreichen. Diese Übung kannst du überall durchführen. Besonders schön ist sie in der Natur, mit direkter körperlicher Verbindung zur Erde.

Begib dich an einen Ort, an dem du dich sicher fühlst und ungestört sein kannst. Setz, leg oder stell dich hin, Hauptsache es fühlt sich für dich bequem an. Schließe die Augen und atme einige Male tief ein und aus. Deine Aufmerksamkeit fokussiert sich nun auf die Stellen, an denen du mit dem Boden verbunden bist. Spüre die Berührung. Ist sie kalt, warm, beruhigend oder unangenehm?

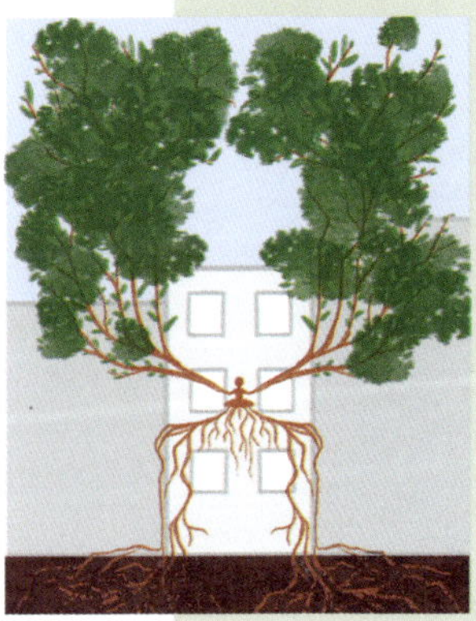

Stelle dir nun vor, dass du langsam Wurzeln schlägst. Erst ganz langsam, kleine, wenige Wurzeln. Du kannst auch erstmal nur eine Wurzel ausbilden, wenn dir das leichter fällt. Konzentriere dich nur auf diese wenigen Wurzeln und stell dir vor, wie sie weiterwachsen. Visualisiere, wie sie sich tief in den Boden graben und dir einen festen Halt bieten. Wenn du dich in einem Haus oder sogar Hochhaus befindest, stell dir einfach vor, wie die Wurzeln sich durch die Wände und Gemäuer arbeiten, bis sie den Boden erreichen und sich dann dort verwurzeln.

Wenn du das Gefühl hast, deine Wurzeln sind gut verankert und du hast stabilen Halt, kannst du damit beginnen, mehr Wurzeln auszubilden. Visualisiere so viele Wurzeln, wie du möchtest, lass sie wachsen und gedeihen, wie es dir gefällt. Du hast dich mit der Natur verbunden, deinem *körperlichen* Grundkern. Jetzt ist noch deine Seele an der Reihe, deine *energetische* Kraft.

Visualisiere nun, wie dein Baum nach oben zu wachsen beginnt. Bilde dafür Äste und Sprossen aus und lass deine Krone in die Höhe steigen. Nutze die Kraft, die du aus deinen Wurzeln ziehst, um deine Äste blühen zu lassen. Bilde Blätter aus und lasse dein Baum-Ich erstrahlen. Spüre immer wieder in dich hinein und fühle deine Kraft und deine Verbundenheit mit der Erde.

Und nun verbinde dich mit der Welt um dich herum, lass deine Äste über alles ragen und spüre die uralte Kraft und Ruhe des Baumes.

Äußere Energiequellen für Hexerei

Deine eigene Energie ist deine stärkste Kraft. Doch wie ich bereits erwähnt hatte, trägt auch alles um dich herum Energie in sich, welche du nutzen kannst. Diese äußeren Energiequellen können dir helfen, deine Ziele besser zu erreichen. Wenn du Energien wählst, die mit deinem Vorhaben übereinstimmen, machen sie deine Magie stärker und effektiver.

Die meisten äußeren Energiequellen sind einfach zu verwenden, da sie von Objekten beziehungsweise emotionslosen Körpern ausgehen. Ihre Energien sind stabil und immer dieselben, nicht wie bei Menschen, bei denen sich die Energie ändern kann. Zwar kann die Energie eines Objekts auch getrübt oder geschwächt werden, aber der Kern bleibt immer derselbe. Wie du auf diese Energien zugreifst, ist für jede Quelle unterschiedlich, deswegen möchte ich dir die gängigsten Energiequellen gerne vorstellen und dir Beispiele geben, wie du sie für dich nutzen kannst.

Alle nachfolgenden Themen könnten jeweils ein Buch für sich alleine in Anspruch nehmen. Ich versuche dir die Grundlagen so kompakt wie möglich näherzubringen, aber verständlicherweise kann ich dabei nicht so detailliert in die Tiefen und Geheimnisse vordringen wie ein eigenständiges Buch zu jedem Thema. Deswegen möchte ich dich auf persönliche Buchempfehlungen meinerseits aufmerksam machen, die du nach Themen sortiert am Ende dieses Buches findest.

Ich empfehle dir, falls du dich für ein Thema besonders interessierst, dir weiteres Wissen anzueignen, verschiedene Quellen zusammenzusuchen und alle Informationen, die du finden kannst, zu sammeln. Eine Quelle gibt immer nur den Standpunkt und Wissensstand des einzelnen Autors wieder!

Pflanzen und Kräuter

Kräuter sind eine sehr einfach nutzbare Energiequelle, da jedes Kraut seine eigene stabile Wirkung hat. Sie können unkompliziert verarbeitet werden, ohne große Vorbereitung oder Bedingungen. Das macht sie zu einem perfekten Werkzeug für Beginner.

Die Verwendung von Kräutern in der Magie ist nahezu grenzenlos. Jede Pflanze wirkt ganz von alleine und kann direkt von dir verwendet werden. Ich verwende Kräuter täglich und in jedem einzelnen meiner Zauber sowie Rituale. Um dir eine Vorstellung ihrer weiten Verwendungsmöglichkeiten zu geben, habe ich einige Beispiele für dich aufgelistet. Wofür du die verschieden Arten nutzt, erfährst du später genauer.

✦ **In ihrer reinen Energie:** Oft werden Kräuter in Zaubern und Ritualen um die wirkende Person ausgeworfen, in einem Kreis gestreut oder als Opfergabe für Entitäten dargeboten. Ihre rein eigene Wirkung kann ohne weiteres Zutun genutzt werden.

✦ **Als Räuchermischung:** Eine Vermischung einzelner Bestandteile zu einer gesamt wirkenden Komposition. Kann entweder selbstgemacht oder schon fertig gemischt gekauft werden. Zum Räuchern im Allgemeinen und zu verschiedenen Räuchermethoden komme ich später noch.

✦ **Als Räucherkegel & Räucherstäbchen:** Zerkleinert und vermischt mit anderen Zutaten kannst du ganz einfach deine eigenen Räucherkegel und -stäbchen herstellen.

✦ **Als Tees & Tränke:** Das Kochen von Tees oder das Anfertigen von Ölen, Hausmitteln oder anderen Säften ist oft Teil der täglichen Praxis einer modernen Hexe. Da manche aber Kräuter auch sehr starke körperliche Wirkungen haben, sollte damit umsichtig und verantwortungsvoll umgegangen werden!

Tees, die du im Handel bekommst, sind in der angegebenen Dosierung bedenkenlos genießbar. Öle werden mit Kräutern versetzt, um eine Wirkung zu erzielen. Zum Beispiel kannst du dann ein Öl für Glück in einem Erfolgs-Zauber verwenden oder auf deiner Haut auftragen, wenn du einen wichtigen Termin hast.

✦ **In der Küchenmagie:** Eine Bezeichnung für die Praxis jener Hexen, die überwiegend in der Küche, beim Kochen, Backen und Zubereiten von Leckereien wirken. Eine Küchenhexe kennt sich sehr gut mit Gewürzen und Kräutern aus und nutzt diese bewusst, um bestimmte Effekte in ihr Essen, Getränke oder Gebäck einzuarbeiten. Zum Beispiel mixt sie dir Teemischungen für einen frischen Start in den Morgen oder würzt dein Mittagessen mit einer Extraportion Glück für eine bevorstehende Aufgabe.

✦ **Als Zusatz beim Salben von Kerzen:** Eine Methode, um Kerzen in deinem Zauber oder Ritual noch stärker zu machen. Siehe dafür S. 115, dort erkläre ich dir auch, wie du das genau machst.

✦ **In Hexenfläschchen & Zaubersäckchen:** Kleine Beutel und Flaschen gefüllt mit Utensilien und Pflanzen. Sie werden oftmals in einem Ritual erschaffen und wirken dann als eigenständiger Zauber, selbst nach dem Abschluss der eigenen magischen Arbeit. Genauere Infos und Schritt-für-Schritt-Anleitungen habe ich später noch für dich (siehe S. 118).

Wie du siehst, geht das Thema der Kräuter noch deutlich tiefer und wird dir im Laufe des Buches immer wieder begegnen. Über jeden der genannten Punkte könnte man ein eigenständiges Buch schreiben, ich werde mich hier aber auf Räuchermischungen und dem Salben von Kerzen sowie einige Vorlagen für Hexenflaschen beschränken.

Bevor du dich nun aber dazu entscheidest, eine Räuchermischung anzufertigen oder Kräuter in einem Zauber zu verwenden, musst du natürlich erstmal wissen, was für Pflanzen du überhaupt verwenden kannst. Jede Pflanze hat einen ungefähren Wirkungsbereich, in dem sie für mehrere Dinge verwendet werden kann. Basilikum zum Beispiel steht grob zusammengefasst für Wohlstand. Du kannst es für Erfolgszauber, Glück und Anziehung der Liebe sowie für Geldzauber verwenden.

Die magische Wirkung von Pflanzen

Pflanze	Element	Wirkung	Wissenswertes
Apfel (Rinde, Blätter, Frucht)	Wasser	Liebe, Fruchtbarkeit, Anziehung, Schönheit, Heilung, Wohlstand	Der Apfel gilt als traditionell für Hexen. Wenn man ihn in zwei Hälften schneidet, sehen die 5 Kerne aus wie ein Pentagramm. Sie werden daher gerne als Gefäß für Zauber verwendet.
Baldrianwurzel	Wasser	Entspannung, Schlaf, Träume, Harmonie	Die Baldianwurzel ist auch als *cat's paw* bekannt – denn Katzen lieben den Geruch!
Basilikum	Feuer	Erfolg, Glück, Anziehung	Basilikum wurde früher gerne vor der Haustür gepflanzt, um eine/n potentielle/n Ehemann oder Ehefrau anzuziehen.
Beifuß	Erde	Reinigung, Vorhersehung, Träume, Bannen	Beifuß wird verwendet, um Vorhersehungen und luzide Träume hervorzurufen. Deswegen solltest du Beifuß nur mit Vorsicht räuchern, auch wenn die Pflanze wunderbar reinigende und bannende Eigenschaften hat.
Birkenholz und -rinde	Luft	Erneuerung, Neuanfang, Selbstbewusstsein, Abwehr	
Brennnessel	Feuer	Schutz, Fluch brechen, Abwehr, Bannen	
Buche	Luft / Erde	Weisheit, Lernen, Selbstbewusstsein	
Chilisamen und -frucht	Feuer	Leidenschaft, Fluch brechen, Bannen	
Eisenkraut	Erde	Loslassen, Kontakt zur anderen Seite, Schutz, Unabhängigkeit	
Eichenholz und -rinde	Feuer & Erde	Selbstbewusstsein, Erdung, Geld, Unabhängigkeit, Glück	
Gänseblümchen	Erde & Wasser	Naturgeister, Liebe, Kinderwunsch, Positivität, Heilung	

Pflanze	Element	Wirkung	Wissenswertes
Himbeerblätter und -frucht	Wasser	Fruchtbarkeit, Liebe, Schutz in der Schwangerschaft	
Holunderbeere	Wasser	Schutz, Heilung, Schlaf, Schönheit	
Ingwerwurzel	Feuer	Erfolg, Geld, Liebe. Bei jedem Zauber fügt es mehr Energie und einen schnelleren Erfolg bei.	
Jasminblüte	Wasser	Liebe, Leidenschaft, Sex, vorhersagende Träume	
Johanniskraut	Erde	Träume, Schutz, Heilung	
Kamillenblüte	Wasser	Gesundheit, Meditation, Glück, Ruhe, Wohlstand, Entspannung	
Kiefernadeln und -holz	Feuer	Wohlstand, Glück, Reinigung	
Knoblauchknolle	Feuer	Bannung, Fluch brechen	Die bannende Wirkung von Kloblauch spiegelt sich im Glauben wider, dass dieser vor Vampiren schützen soll.
Kümmel	Luft	Liebe, Anziehung, Träume erinnern	Volksglaube besagt, dass alles, was Kümmel enthält, nicht gestohlen werden kann.
Lavendelblüte	Luft	Ruhe, Entspannung, Schlaf, Frieden, Freundschaft, Zufriedenheit, Kreativität, Reinigung, Schutz	Lavendel soll vor bösen Geistern schützen. In alten christlichen Traditionen band man sogar Kreuze aus Lavendel, um das Haus und seine Bewohner zu schützen.
Lorbeerblätter	Feuer	Erfolg, Sieg, Weissagung, Weisheit, übersinnliche Kräfte, Wünsche, Gerechtigkeit	Lorbeeerblätter können in Zaubern und Ritualen als Papierersatz verwendet werden, durch ihre Wirkung tragen sie stets zum Erfolg deines Vorhabens bei.

Pflanze	Element	Wirkung	Wissenswertes
Löwenzahn	Luft	Divination, Kontakt zu Entitäten, astrale Träume	Reibe deinen Tisch mit getrocknetem Löwenzahn ein, um jegliche Divination deutlicher zu machen.
Melisse (Zitronen-melisse)	Wasser	Liebe, Erfolg, innere Heilung, Kreativität	Melisse hat auch viele medizinische Eigenschaften. Sie wirkt entkrampfend, beruhigend und antibakteriell
Mistel	Luft	Fruchtbarkeit, Kreativität, Gesundheit, Schutz	Wie du siehst, ergibt die Tradition eines Kusses unter einem Mistelzweig auch aus magischer Sicht sehr viel Sinn!
Nelken	Feuer	Schutz, starke Bannung	
Orangeschale	Feuer	Wohlstand, Glück, Geld, gute Laune, Liebe, Kreativität	
Oregano	Luft	Freude, Fruchtbarkeit, Glück	
Petersilie	Luft	Reinigung, Kontakt zu den Toten, Stärke, Gesundheit	Im 17. Jahrhundert glaubte man, dass Petersiliensamen dem Teufel gehören und dass Petersilie so langsam keimt, weil der Samen erst bis in die Hölle und zurück gehen muss.
Pfeffer (schwarz)	Feuer	Bannung, Fluch brechen, Schutz, innere Stärke	
Pfefferminz	Luft	Reinigung des Geistes, Schlaf, Divination und vorhersagende Träume	
Ringelblumenblüte (Calendula)	Feuer	Beziehung, Erfolg, rechtliche Angelegenheiten, Hausschutz	
Rosenblüte	Wasser	Liebe, Lust, Freundschaft	
Rosmarin	Feuer	Reinigung, Schutz, bannt alles Negative, gegen Albträume, Gesundheit, Mut	Rosmarin wird von Hexen als Alleskönner gesehen. Verwende ihn als Ersatz, versuche aber vorher eine für deine Zwecke geeignetere Pflanze zu finden.

Pflanze	Element	Wirkung	Wissenswertes
Salbei	Erde	Reinigung, Schutz	Verwende bitte nur den bei uns heimischen Garten-Salbei. Bei spiritueller Arbeit wird gerne Weißer Salbei verwendet, dieser ist aber ethisch sehr problematisch. Er wächst nur in ganz speziellen Gebieten der Welt. Für die Massenproduktion werden die Leute ausgenutzt und die Landschaft in eine Monokultur verwandelt. Informiere dich daher immer genau über eine Pflanze und ihre Herkunft.
Schafgarbe	Luft	Verbessert Beziehungen, Heilung, Entspannung, Selbstbewusstsein	
Sternanis	Feuer	Wahrnehmung, Fluch brechen, Glück, Vorhersagungen	
Thymian	Luft	Loyalität, Liebe, Glück, Selbstbewusstsein	
Wacholder	Feuer	starke Reinigung und Bannung, Schutz	Der Rauch des Wacholders reinigt nicht nur energetisch, er hat sogar nachgewiesene desinfizierende Eigenschaften.
Weinraute	Feuer	Heilung, Gesundheit, Liebe, Schutz, Klarheit des Geistes	
Zimtrinde	Feuer	Schutz, Astralprojektion, Erfolg, Gesundheit, Glück	
Zitronengras	Luft	Reinigung des Geistes, Reinigung, Sex	

PROBLEMATISCHE PFLANZEN

Die folgenden Pflanzen werden gerne in der Hexerei verwendet, obwohl sie eigentlich aus ethischen und ökologischen Gründen vermieden werden sollten. Informiere dich bitte immer über den aktuellen Bestand und die Wirkung der Pflanzen, die du zu verwenden planst, da sich der Wissenstand durch neue Recherchen und Studien ändern kann.
Vom Aussterben bedrohte Pflanzen:
Drachenblut, Weißer Salbei , Sandelholz, Zedernholz, Palo Santo

Beschaffung von Kräutern
Kräuter und andere Zutaten für magische Zwecke sind oft sehr teuer. Gerade wenn du nach speziellen Pflanzen suchst, landest du schnell bei Lieferungen aus dem Ausland oder sollst einen horrenden Preis zahlen. Aber auch ganz normale Zutaten werden leider sehr gerne viel zu teuer verkauft, einfach nur, weil sie als „magisch" angepriesen werden.

Deswegen möchte ich dir ein paar einfache Möglichkeiten vorstellen, wie du vielleicht ganz ohne große Extrakosten an eine ganze Menge Zutaten kommen kannst. Allein schon ein Haushalt birgt viele ungeahnte Quellen für Rohstoffe aller Art.

✦ **Tee:** Schau doch mal in dein Teeregal, dort wirst du bestimmt einige Kräuter wie auch Früchtetees finden. Tee mit nur einer Pflanze als Bestandteil eignet sind natürlich am allerbesten, aber auch Kräutermischungen kannst du für deine magische Arbeit verwenden. Lies dafür einfach nach, aus welchen Teilen der Tee besteht, und schlag die Bedeutung und Wirkung nach, um herauszufinden, ob das Gesamtpaket für dein Vorhaben passt. Selbst wenn du bei dir zu Hause nicht direkt den richtigen Tee beziehungsweise die richtigen Zutaten findest, kostet Tee im Laden auch nicht so viel, wie wenn du dir jedes Bestandteil einzeln neu kaufen würdest. Ein Beispiel für verwendbare Teemischungen sind Schlaf- und Beruhigungstees, diese enthalten oft Baldrian, Lavendel, Melisse und andere entspannende Pflanzen. Solch eine Teemischung könntest du in einem Entspannungs-Ritual oder einem Anti-Stress-Hexenfläschchen (siehe S. 119) verwenden.

✦ **Gewürze:** Genauso wie bei Tee wirst du hier einiges finden, was man ganz einfach auch für magische Arbeit nutzen kann. Gute Beispiele sind Salz, Pfeffer, Zucker, Basilikum, Nelken, Lorbeerblätter, Chili und noch viele weitere. Du wirst erstaunt sein, was du alles Nützliches in deinen Küchenregalen finden kannst. Und auch einzelne Kräuter und Gewürze finden sich im Laden deutlich günstiger, als wenn du direkt nach Hexen-Kräutern suchst.

✦ **Freunde & Familie:** Vielleicht hat deine Familie oder ein/e Freund/in einen Garten, aus dem du dir das ein oder andere Blatt einsammeln kannst. Es muss nicht mal ein ganzer Garten sein, die Hingabe für Pflanzen kann auch in einer Wohnung ausgelebt werden. Frag einfach nach und häufig freuen sich die Menschen sogar sehr, ihre Liebe für Pflanzen mit dir teilen zu können. Dadurch kannst du kleine Ableger oder Kräuterbündel erhalten und pflegst gleichzeitig auch noch die Beziehung zu Freunden und Verwandten.

✦ **Natur:** Jede Pflanze stammt ursprünglich aus der Natur, somit wirst du auch einen Großteil dort finden können. Informiere dich, welche Arten in deiner Region heimisch sind und wann sowie wo du sie am besten finden kannst. Achte darauf, wenn du direkt aus der Natur sammelst, nicht zu viel von einer Pflanze zu nehmen. Lass genug übrig, damit sich die Pflanze regenerieren und erholen kann. Manche Pflanzen dürfen auch gar nicht gesammelt werden, informiere dich also auch über die Regeln und Gesetze deiner Umgebung.

TIPP
Natürlich ist der Preis für die Mengen, die du im Laden bekommen kannst, nicht vergleichbar mit Großhandelspreisen aus dem Internet. Aber was bringt dir eine 1kg-Packung Nelken, wenn du sie nur für einen kleinen Zauber brauchst? Überlege immer, wie viel du für dein Vorhaben benötigst und wie oft du die Zutat benutzt, und kaufe keine unnötigen Übermengen.

✦ **Pflanzen aus dem Laden:** Wenn du den Platz und die Möglichkeit hast, eine eigene Pflanze zu pflegen, ist dies eine sehr schöne Erfahrung. Ich bin selber ein unglaublicher Pflanzenfreund und habe eine ganze Menge an Grünpflanzen und Kräutern zu Hause. Mich begeistern die Kraft und der unerschütterliche Lebenswillen der kleinen Freunde, selbst wenn ich doch mal vergessen habe, sie zu gießen. (Was natürlich verhindert werden sollte, aber manchmal passiert das eben.)

HINWEIS

Achtung: Viele Pflanzen haben Doppelgänger. Das sind Pflanzen, die sich sehr ähnlich sind, oftmals aber völlig unterschiedliche Wirkungen haben. Manche Doppelgänger sind harmlos andere hingegen können giftig sein und sind somit sehr gefährlich für dich und deine Gesundheit. Egal ob Holz, Kraut oder Blume, fasse nichts an oder verarbeite es, wenn du dir nicht sicher bist, dass es ungefährlich ist. Schau also bitte immer zweimal nach, ob du auch die richtige Pflanze hast, bevor du sie anfasst und weiterverarbeitest.

Symbole, Zeichen und Sigillen

Symbole in der Magie sind mehr, als nur hübsch anzusehen. Sie können starke Zauber in sich bergen und sind ein praktisches Hilfsmittel. Magische Symbole können in Form von Zeichen, Runen, Mandalas oder anderen geometrischen Mustern auftreten. Es ist wichtig zu beachten, dass die Bedeutung und Verwendung mancher Symbole je nach Tradition oder Glaubenssystem variieren können.

Nahezu jeder Zauber wird mit einem Symbol durchgeführt oder mit dessen Hilfe verstärkt. Sie sind sehr einfach zu erschaffen und anzuwenden, wodurch sie sich hervorragend für Einsteiger eignen. Oftmals enthalten Symbole, die wir bereits kennen, eine bestimmte Wirkung. Ein Pentagramm zum Beispiel kann die fünf Elemente repräsentieren, ein dreifacher Mond den weiblichen Lebenszyklus oder ein einfacher Baum die Verbindung zur Natur und deinen Wurzeln. Es gibt aber noch die Symbole, die kein anderer außer seinem Erschaffer versteht, das sind die magischen Symbole, die ich dir vorstellen möchte.

Sigillen – magische Siegel selbst erstellen

Ich persönlich verwende in so ziemlich jedem Zauber ein selbst gemachtes Siegel, das die Intention meines Vorhabens in sich trägt. Sigillen (von lateinisch *sigillum* „Siegel") sind eine Form von Symbolen, die einen Zauber beinhalten. Anders als bereits bestehende Symbole (z. B. Pentagramm), können sie personalisiert werden. Sie sind einfach anzuwenden, können unauffällig mitgeführt werden und wirken allein durch ihre Herstellung. So wie alles in der Magie sind Sigillen etwas unglaublich Persönliches und aber auch sehr

Sicheres. Wenn du einen Zauber im Geheimen durchführen möchtest, ist ein magisches Symbol deine beste Möglichkeit sicherzustellen, dass niemand weiß, was der Inhalt des Zaubers ist.
Es gibt viele Methoden, Sigillen zu erstellen. Einige zeichnen sie komplett nach Gefühl, andere verwenden Vorlagen oder bestimmte Vorgehensweisen. Ich werde dir die gängigsten Methoden vorstellen, auch wenn ich zum Beispiel beim Thema Runen nur die Oberfläche an Informationen ankratzen kann. Sie sind einfach für sich ein so großes Thema, das ein ganzes Buch benötigen würde.

Im Folgenden beschreibe ich dir die Vorgehensweise, wie du dir selbst eine Sigille erstellen kannst. Die Anleitungen bauen alle auf der gleichen Grundlage auf und können somit auch nacheinander ausgeführt werden, wenn dir das erste Ergebnis nicht gefallen sollte.

Das Grundgebilde

Suche dir den Satz oder die Wörter, die du gerne in ein Siegel umwandeln möchtest. Achte hierbei, wie bei jedem Zauber, genauestens auf deine Wortwahl. Sei so präzise wie möglich. Schreibe die Worte in Druckbuchstaben und mit gutem Abstand auf ein Blatt Papier. Umlaute werden zu ae, oe und ue.
Nun fängst du mit dem ersten Buchstaben an. Schreibe ihn in eine neue Zeile und streiche anschließend den Buchstaben in deinem kompletten Satz raus. Als Beispiel: Dein Satz lautet

ICH BIN ZUFRIEDEN

Dein erster Buchstabe ist ein I, also schreibst du das I erneut auf und streichst es in jedem Wort aus dem Satz. Als Nächstes kommt das C. Es gibt nur das eine C im Satz, ebenso wie das H und das B, welche als Nächstes kommen. Deswegen werden das C, das H und das B einzeln gestrichen, da es keine mehreren gibt, und ebenfalls in die neue Zeile hinter das I geschrieben. Nun käme das nächste I, aber das wurde bereits entfernt, also weiter zu N. Das gibt es wieder zweimal, also streichst du es beide Male raus und schreibst ein N in die neue Linie. So arbeitest du dich bis zum Ende des Satzes durch.

Wenn du fertig bist, hast du eine neue Anreihung von Buchstaben, mit denen du jetzt verschiedene Möglichkeiten hast fortzufahren.
In diesem Fall steht in deiner neuen Zeile:

ICHBNZUFRED

✦ **Siegel nach Buchstaben:** Die einfachste Variante, nun deine Buchstaben weiterzuverarbeiten, ist, ein Siegel nach Buchstaben zu erstellen. Es ist unglaublich kreativ und noch weniger nachvollziehbar für Außenstehende als alle anderen Möglichkeiten. Die Vorgehensweise ist ganz simpel: Du schreibst deine Buchstaben einfach über- und aneinander. Dabei kannst du die Buchstaben drehen, spiegeln und so anordnen, wie es dir gefällt. Die Siegel nach Buchstaben sind sehr persönlich. Du kannst sie frei gestalten und der gleiche Satz kann immer anders aussehen.

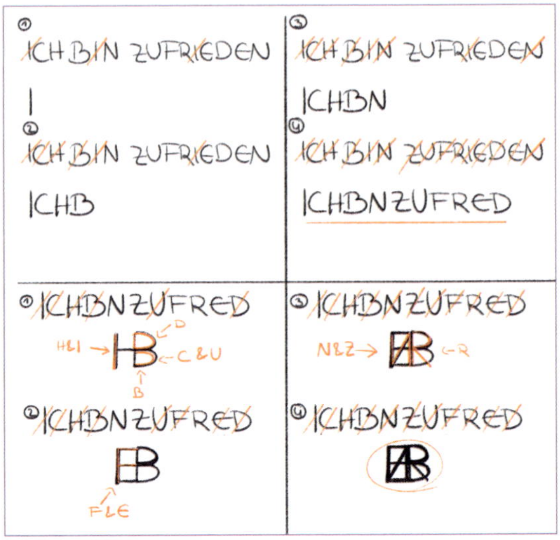

✦ **Siegel nach dem Hexen-Siegelkreis:** Der Hexen-Siegelkreis, im englischen *witches sigil wheel* genannt, ist ein Kreis, in dem alle Buchstaben des Alphabets in einer bestimmten Reihenfolge angeordnet sind. Auf Basis dieser Grundlage verbindest du die Buchstaben deines übriggebliebenen Satzes nacheinander miteinander. Für meinen Beispielsatz würdest du also anfangen bei I, dann zu C, weiter zu B und so weiter. Wenn du das getan hast, fängt der kreative Teil an. Ziehe und schwinge deine Linien zwischen den Verbindungspunkten, wie es dir gefällt. Ich persönlich runde eine Verbindung immer etwas ab, die nächste wird wieder gerade und eckig. Außerdem setze ich an den Startpunkt meiner Sigille einen Punkt und am Ende einen kleinen Querstrich. Für mich symbolisiert das eine in sich geschlossene, schwingende Kraft. Der Punkt am Anfang ist der Energiekern, der Energie ausgibt. Diese fließt dann die Linie entlang bis zum Querstrich, an dem sie begrenzt und in ihrer Form bleibt.

✦ **Siegel nach einem Zahlen-Kreis:** Diese Variante ähnelt dem *witches wheel,* braucht aber noch etwas Vorarbeit. Zeichne eine Tabelle mit neun Spalten auf und schreibe die Zahlen eins bis neun in die oberste Zeile. Nun schreibst du das Alphabet in die Zeilen unter die Zahlen. Beim zehnten Buchstaben fängst du eine neue Zeile an. Nimm nun wieder deinen gekürzten Satz zur Hand. Suche dir deinen ersten Buchstaben in der Tabelle, streiche ihn durch (du musst ihn nicht unbedingt streichen, ich mache das nur gerne für mehr Übersicht) und schreibe die Zahl aus der Spalte, in der dein Buchstabe steht, auf. In meinem Beispiel ist der erste Buchstabe ein I, das in der Spalte mit der Zahl neun steht. Ich streiche also mein I und schreibe eine neun auf.

Mache das mit all deinen Buchstaben, bis du eine Abfolge an Zahlen hast. Es kann sein, dass du einige Zahlen doppelt in der Reihe hast; dafür hast du zwei Möglichkeiten: Entweder du lässt die doppelten Zahlen stehen und verwendest sie später auch mehrfach oder du streichst sie raus und vereinfachst damit dein Siegel noch weiter.

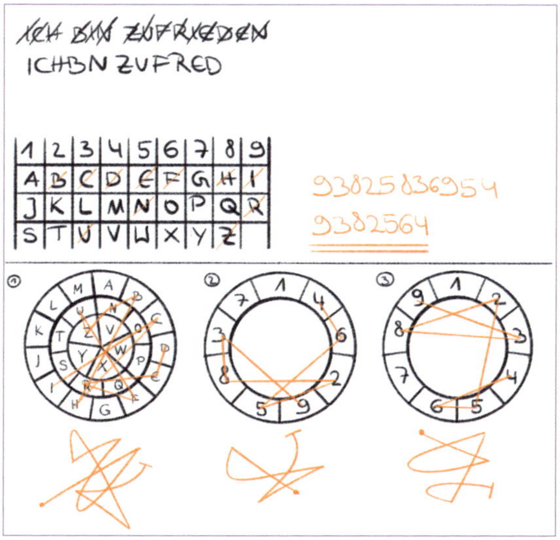

Wenn du nun deine Zahlenreihe vollständig hast, geht es endlich daran, deine Sigille zu zeichnen. Ziehe dafür einen Kreis und bestücke ihn erneut mit den Zahlen eins bis neun. Du kannst sie entweder der Reihe nach oder durcheinander aufschreiben. Ich verwende für mein Beispiel einmal einen geordneten Zahlenkreis und einmal einen ungeordneten, um dir die möglichen Unterschiede zu zeigen. Anschließend verbindest du wie bei der vorherigen Methode deine Zahlen nacheinander, wie du sie aufgeschrieben hast. Dadurch ergibt sich dein magisches Siegel, was du ebenfalls so nachzeichnen kannst, wie du es für passend empfindest.

Binderunen

Eine weitere Variante, ein magisches Symbol zu erstellen, sind Binderunen. Runen sind germanische Symbole, die auf Felsen, Häusern und anderen Objekten überall in Nordeuropa gefunden wurden. Das wohl bekannteste Runenalphabet ist das Futhark. Es besteht aus 24 oder 16 Runen, je nachdem, ob du das alte oder das neuere Futhark verwendest. Jede Rune hat eine bestimmte Bedeutung und kann nicht direkt in Buchstaben übersetzt werden, wobei es dafür auch Spekulationen gibt.

Binderunen bestehen aus einer Kombination verschiedener Runen. Dabei werden ihre Wirkungen vereint oder ein Wort in Runen übersetzt. Es ist dabei egal, welches Runenalphabet du verwendest. Um eine Binderune zu erstellen, musst du dir Runen aussuchen, die zu deinen Bedürfnissen passen. Anschließend legst du, wie bei der ersten Methode, die Runen übereinander und erschaffst so eine völlig neue Rune, die die Wirkung der einzelnen Runen ineinander vereint, du „bindest" sie.
Wie bereits am Anfang erwähnt, sind Runen ein enorm komplexes Thema. Sie zu verstehen und die wirkliche Bedeutung jeder Rune zu ergründen, ist eine ganze Aufgabe für sich. Trotzdem wollte ich gerne den grundsätzlichen Ablauf der Erstellung einer Binderune erklären.

MAGISCHE SYMBOLE IM ALLTAG VERWENDEN – AUCH UNBEMERKT

Es gibt unzählige Möglichkeiten, die Wirkung von Symbolen in den Alltag einzubauen, um ihre Wirkung dauerhaft präsent zu haben. Vielleicht hast du ein Schutzsymbol für dein Zuhause erstellt oder eine Selbstliebe-Rune, die dich unterstützen soll. Egal warum und welchen Nutzen das Symbol hat, manchmal ist es einem nicht möglich, ein Symbol offen zu zeigen, oder man will es nicht. Ich habe ein paar Ideen und Beispiele zusammengetragen, um dir Möglichkeiten zu zeigen, die es dir dennoch ermöglichen, deinen magischen Helfer bei dir zu haben – öffentlich wie auch im Geheimen.

Um sie direkt bei dir zu haben, kannst du sie...

- als Schmuck bei dir tragen.
- direkt auf deine Haut malen (z. B. mit einem Parfümroller oder Hautcreme).
- in deine Kleidung einnähen oder mit Wäschestift aufs Etikett zeichnen.
- einfach auf einen Zettel malen und bei dir tragen (auch z. B. in der Handyhülle).

Um sie auf deine Umgebung wirken zu lassen, kannst du sie ...

- auf einen Spiegel malen. Entweder sichtbar mit einem Stift oder rückstandslos mit Wasser oder Parfum.
- als Türschmuck basteln und an deine Haustür hängen.
- als Bild malen oder versteckt in ein Bild integrieren.
- in die Unterseite einer Stumpenkerze einritzen oder aufzeichnen. Das Gleiche gilt auch für Objekte, die nicht dauerhaft in Bewegung sind, wie z. B. ein Blumentopf, eine Vase oder andere Deko-Objekte.
- auf einen Zettel malen und sicher verstauen. Lege ihn irgendwo drunter, stecke ihn zwischen Bücher oder verstecke ihn in der hintersten Ecke deines Zimmers – Hauptsache, keiner findet ihn aus Versehen.

Farben und ihre Wirkung

Farbenmagie eignet sich wunderbar, um in die Magie einzusteigen, weil sie ebenfalls ganz von alleine wirkt. Sie aktiviert sich bereits in der Farbe deines T-Shirts, deiner Bettdecke oder auch deines Make-ups.

Farben kannst du bis ins kleinste Detail für deinen Zauber oder dein Ritual planen. Angefangen bei einer Kerze, über die Objekte, die du als Deko wählst, bis hin zur Kleidung, die du selber währenddessen trägst. Farben wirken immer und haben deshalb nicht nur in der Magie eine große Bedeutung. Der Job eines Raumausstatters ist es unter anderem, die Farben eines Raumes so zu wählen, dass er sich stimmig und angenehm anfühlt. Allein durch die Wahl der Farben kann ein Raum komplett anders wirken; oder ein Firmenlogo, oder die Kleidungsfarbe der Mitarbeiter – alles wirkt sofort auf dich ein und du assoziierst unterbewusst eine Emotion oder eine Stimmung. Deswegen ist Farbenmagie besonders leicht zu verstehen und umzusetzen, weil du sowieso schon durch dein alltägliches Leben ein ungefähres Gefühl für die Bedeutung von Farben hast.

Wenn du nun also darangehst, eine Farbe für dein Vorhaben auszuwählen, kommt es wieder ganz auf deine Intuition und dein Gefühl an. Ich habe dir im Folgenden die gängigsten Bedeutungen von Farben aufgelistet. Diese Wirkungen sind aber nicht in Stein gemeißelt und gerade bei Farben kann die Wirkung auch aus persönlichen Gründen verändert werden.

Nehmen wir an, du möchtest einen Freundschaftszauber für eine Freundin durchführen, um eure Beziehung zu stärken. Eigentlich müsstest du jetzt Pink für Freundschaft nehmen, die Lieblingsfarbe deiner Freundin ist aber Blau und diese Farbe bringst du mit ihr in Verbindung. Also kannst du an diesem Punkt ruhig Blau wählen, denn obwohl die Farbe nichts mit deiner Intention zu tun hat, hat sie doch eine Verbindung zu deinem Ziel, deiner Freundin. Das Wichtigste, wie immer, ist, dass es sich für dich stimmig anfühlt.

Die magische Wirkung der Farben:

- **Weiß** – Reinigung, Neutralität, Reinheit, Heilung
- **Gelb** – Selbstvertrauen, innere Arbeit
- **Orange** – Inspiration, Kreativität, körperliche Energie
- **Rot** – Liebe, Leidenschaft, Bannung, Schaden
- **Pink** – Fürsorge, Reife, Pflege, Freundschaft
- **Violett** – spirituelle Kraft, drittes Auge, Kommunikation mit der anderen Seite
- **Blau** – Erfolg, Fokus, Konzentration, Wahrheit erkennen
- **Türkis** – Inspiration, Kreativität, Aktivität
- **Grün** – Glück, Geld, Natur
- **Braun** – Natur, Urvertrauen, Heilung, Tiere
- **Schwarz** – Schutz, Verbannung, Kontakt mit den Toten

Viele Farben haben sehr große Wirkungsbereiche. Hier habe ich nur die meiner Meinung nach wichtigsten und stärksten Wirkungen aufgeschrieben. Mehr Farben und Bedeutungen findest du in der Tabelle auf den Klappen dieses Buchs.

DIE FARBE SCHWARZ

Interessanter Fact: Schwarz ist die mächtigste Schutzfarbe, falls du also gerne und viel Schwarz trägst, hast du das Bedürfnis, dich zu schützen. Ich habe zum Beispiel als Jugendliche irgendwann angefangen, ausschließlich Schwarz zu tragen, und das für viele Jahre. Das Ganze hat sich erst etwas gelöst, als ich mich mit Magie und vor allem dem energischen Schutz beschäftigt habe. Mittlerweile bin ich mir selbst und meiner Kraft deutlich bewusster und viel sensibler und aufmerksamer für die Bewegungen um mich herum. Der Wunsch nach Schutz ist übrigens nichts Schlechtes oder hat etwas damit zu tun, dass du dich nicht anders schützen kannst. Ich trage heute immer noch überwiegend Schwarz und genieße jetzt einfach bewusst die Wirkung.

PASTELL-, DUNKLERE UND NEONFARBEN

Es gibt natürlich noch deutlich mehr Farben als nur die eben aufgezählten. Sie sind meiner Meinung nach persönliche Präferenzen, die gewählt werden, wenn es sich für einen selbst richtig anfühlt. Pastelltöne empfinde ich als sehr sanft, wodurch die Wirkung etwas Liebevolles mit sich bringt. Ein dunklerer Ton wirkt kräftiger, eventuell sogar bedrohlich und hat mehr Energie in sich. Dunkle Töne können aber auch traurig wirken. Neonfarben haben für mich etwas Unnatürliches und wirken sehr alarmierend. Bedenke wie immer, dass andere Praktizierende darüber vielleicht anderer Meinung sind, sei also offen für andere und neue Informationen und Ansichten.

Edelsteine, Kristalle und Gesteine

Die Faszination für funkelnde Steine, die auf unerklärliche Weise in den komplexesten Farben und Strukturen zu finden sind, reicht weit zurück. Edelsteine sind extrem wertvolle Schätze der Erde und haben in der gesamten Weltgeschichte einen hohen Stellenwert. In der Hexerei werden Steinen und Kristallen besondere Wirkungen zugesprochen. Sie werden als Energiequelle für Zauber und Rituale verwendet und finden sich oft als Begleiter in Hand- und Jackentaschen von Hexen.

Die heilende Wirkung von Edelsteinen auf Körper und Geist ist im Gegensatz zu vielen Pflanzen nicht wissenschaftlich bewiesen. Ich verwende in meiner eigenen Praxis Edelsteine ausschließlich als magische Energie und nicht zur Verbesserung meines eigenen Wohlbefindens. Dennoch lässt sich nicht bestreiten, dass sie ein enormes Wunder der Natur sind. Über Jahrhunderte und Jahrtausende, einen Zeitraum, den sich ein Mensch kaum bewusst machen kann, entstehen Edelsteine auf die verrückteste Art und Weise. Oft muss das Zusammenspiel von Temperatur, Druck und Material ganz genau stimmen, um die funkelnden Schätze wachsen zu lassen. Dass wir solche wertvollen Steine einfach so in Läden kaufen können, ist ein pures Privileg.

Genauso wie Kräuter oder Farben wirken Edelsteine von alleine. Aufgrund ihrer Beschaffenheit wohnt ihnen ihre eigene Wirkung inne und sie geben diese an ihre Umgebung ab. Hexen verwenden sie als eigenständigen Zauber, zum Beispiel einen Stein mit einer schützenden Wirkung als Selbstschutz, oder arbeiten ihre Kraft in Rituale ein.

Wirkung von Edelsteinen

Edelstein	Wirkung
Amethyst	Entspannung, Träume und Schlaf
Aquamarin	Kreativität, Harmonie
Bergkristall	Verstärkung anderer Energien. Reinigung
Bernstein	Kreativität, Glück
Citrin	Kreativität, Erfolg
Granat	Bannung, Fluch brechen
Hämatit	Schutz, Bannung, Erden
Karneol	Erden, Fruchtbarkeit
Obsidian	Schutz, Bannung
Rauchquarz	Erden, Selbstliebe, Schattenarbeit
Rosenquarz	(Selbst-) Liebe
Roter Jaspis	Erden, Sex, Fruchtbarkeit
Schwarzer Turmalin	starker Schutz
Selenit	Schutz, Reinigung
Tigerauge	Erfolg, Glück und Kreativität

EDELSTEINE UND WASSER

Edelsteine werden gerne in Wasser gelegt, um ihre Energie daran abzugeben, und auch in ein paar späteren Anleitungen wirst du lesen, dass Edelsteine mit Wasser in Berührung kommen werden. Doch aufgepasst! Nicht alle Steine sind dafür geeignet. Manche Edelsteine lösen sich in Wasser auf und können sogar gesundheitsschädliche Stoffe abgeben. Der Grund dafür hängt mit der Härte des Gesteins zusammen, aber es gibt keine allgemeinen Regeln, an die man sich halten kann.

Auch die Sonne kann deinen wertvollen Schätzen schaden. Einige Steine vertragen keine direkte Sonneneinstrahlung und können dadurch sogar ihre Farbe verlieren. Vor allem anfällig dafür sind Quarze und andere durchscheinende Steine. Auch hier gibt es kein Erkennungszeichen, also gewöhne dir am besten an, ein wenig über deine Edelstein zu recherchieren, bevor du sie in Wasser oder auf das Fensterbrett legst.

Die Kraft des Mondes

Der Mond ist eine mächtige Kraft, die ganze Meere bewegen kann. Kein Wunder also, dass er viele Anhänger und Verehrer hat. In zahlreichen Kulturen und spirituellen Praktiken spielen der Mond und seine Phasen eine bedeutende Rolle. Seit jeher haben Menschen die Veränderungen des Mondes beobachtet und mit ihnen bestimmte Bedeutungen und Einflüsse verbunden.

In vielen Hexen-Traditionen wird der Mond als Symbol für Weiblichkeit, Intuition und Transformation angesehen. Zum Beispiel wird im traditionellen Wicca der Mond als die weibliche „Göttin“ angebetet. Eine andere Hexenkunst zelebriert den Neumond als Energie für die Schattenseite im Körper und als eine Zeit, um aus den eigenen Problemen und Ängsten Stärke zu ziehen und an ihnen zu wachsen.

So ziemlich jede Kultur hat eine eigene Gottheit, die den Mond verkörpert. In der germanischen Mythologie ist es der Gott Mani, in der römischen die Göttin Artemis, der Mondgott Chandra in Indien oder in Ägypten der Gott Jah, um nur ein paar Beispiele zu nennen. In der chinesischen Tradition wird sogar immer noch jährlich ein großes Fest allein zu Ehren des Mondes gefeiert.

Die verschiedenen Mondphasen, wie der Neumond, der zunehmende Mond, der Vollmond und der abnehmende Mond, werden oft mit unterschiedlichen Energien und Kräften in Verbindung gebracht. Zum Beispiel wird der Neumond oft als Zeit der Neuanfänge und des Sammelns von Energie betrachtet, während der Vollmond als Zeit der Fülle und Manifestation angesehen wird. Aber auch für normale Menschen steht der Mond ganz unbewusst in einem wichtigen Zusammenhang. Unglaublich viele Kalender haben die Mondphasen mit angegeben. Manche Kalender enthalten sogar Tipps darüber, wann es besser ist, seine Haare zu schneiden oder seine Pflanzen zu stutzen, orientiert am Stand des Mondes. So werden viele Mythen und Riten, die mit dem Mond im Zusammenhang stehen, auch von Menschen ausgelebt, die nicht mit Hexerei in Verbindung stehen.

Die Bedeutung der Mondphasen kann in verschiedenen Kulturen und spirituellen Traditionen variieren, aber insgesamt spielen sie eine zentrale Rolle in der Hexerei und in vielen spirituellen Praktiken. Wie eben schon erwähnt, werden den einzelnen Mondphasen spezielle Kräfte und Wirkungen zugesprochen. Diese machen sich Hexen zunutze, um ihre Zauber und Vorhaben zu unterstützen. Jede Mondphase spiegelt dabei einen gewissen Zustand wider und eignet sich besser oder schlechter für die Intentionen eines Zaubers oder Rituals.

Die Mondphasen und ihre Wirkung

Nicht immer wird der Mond in der passenden Phase für dein Vorhaben stehen. Wenn du warten kannst, empfehle ich dir, auf die passende Mondphase zu warten, aber in manchen Situationen ist das nicht möglich. Ein unvorhersehbares Ereignis oder eine unerwartete Wendung der Dinge, ab und zu kann man einfach nicht warten. Trotzdem werden auch solche kurzfristigen Zauber in der *falschen* Mondphase wirksam sein, nur nicht ganz so stark. Alternativ kannst du auch Mondwasser verwenden, mehr darüber erfährst auf der nächsten Seite.

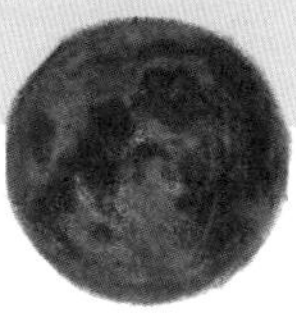

Neumond

Der Neumond steht für den Neubeginn, er ist das unbeschriebene Blatt. An Neumond ist die Kraft des Mondes am schwächsten, weshalb auch die Zauberkraft in Verbindung mit dem Mond nicht besonders wirkungsvoll ist. Es ist eine Nacht der Ruhe und Reflexion. In Neumondnächten bieten sich Reinigungen oder Selbstliebe-Rituale gut an. Auch kannst du diese Phase nutzen, um die Zeit des vergangenen Zyklus zu überdenken und zu planen, wie du den nächsten Umlauf gerne nutzen möchtest.

Zunehmender Mond

In der Zeit des zunehmenden Mondes wird Kraft und Energie gesammelt. Das ist die perfekte Zeit, um neue Vorhaben zu starten und aktiv zu werden. Zum Beispiel eignet sich die Phase des zunehmenden Mondes hervorragend für neue Jobsuche oder zum Starten eines Fitness-Programms. Alles, was Energie, Motivation und Antrieb braucht, sollte jetzt durchgeführt werden, um die steigende Kraft des Mondes zu nutzen.

Vollmond

Zu Vollmond ist die Kraft des Mondes am stärksten. Im Volksglauben ist es die Nacht, in der viele Menschen schlecht schlafen, doch für dich kann es die Nacht für einen mächtigen Zauber sein. Heute kannst du das volle Potential des Mondes ausschöpfen und ein kraftvolles Ritual oder einen Zauber durchführen. Es ist auch die Gelegenheit, um Mondwasser herzustellen oder deine Edelsteine mit neuer Energie aufzuladen.

Auch die Tage direkt vor Vollmond sind energetisch bereits sehr stark, falls du also direkt an Vollmond keine Zeit haben solltest, kannst du auch in den Tagen davor bereits seine große Kraft nutzen.

Abnehmender Mond

Nun ist es wieder Zeit, zur Ruhe zu kommen. Im abnehmenden Mond schwindet die Energie wieder, und wir bereiten uns auf Neumond, den Neustart vor. Es ist die perfekte Phase, um Dinge abzuschließen, loszulassen und zu sich selbst zu schauen. Diese Zeit eignet sich besonders gut für Cord Cutting (siehe S. 166) und Selbstliebe-Rituale. Auch das Beenden von Projekten oder das Bereinigen von störenden Einflüssen sollte jetzt durchgeführt werden. Das kann ein Hausputz, das Löschen von unnötigen Apps oder sogar das Ende einer ungesunden Beziehung sein.

Ritual-Themen und ihre Mondphasen

Hier kannst du nach typischen Themen für Rituale suchen und die dafür passenden Mondphasen finden.

Arbeit, Schule und Karriere

- Jobsuche – Zunehmender Mond
- Gehaltserhöhung und allgemein Geld erhalten – Vollmond oder Langzeitzauber über den zunehmenden Mond
- Erfolg bei Prüfung oder Vergleichbarem – Kurzfristig oder an Vollmond
- Loswerden von unfreundlichen Menschen – Abnehmender Mond (Tipp: Definiere dabei ganz genau, wie du dich von der Person trennen willst, um ein ungewolltes Ergebnis, wie zum Beispiel deine eigene Entlassung oder die Suspendierung von der Schule, zu vermeiden. Damit hast du zwar dein Ziel erreicht, aber nicht auf die Art und Weise, die du wolltest.)
- Energie und Inspiration für ein Projekt erhalten – Kurzfristig, zunehmender oder Vollmond je nach benötigter Stärke

Liebe, Beziehung, Freundschaft und Familie

- Harmonie in die Familie bringen – Vollmond oder Langzeitzauber über einen gesamten Zyklus
- Freundschaft stärken – Zunehmender Mond oder gemeinsames Vollmondritual
- Partner finden – Vollmond
- Partner gehen lassen nach einer Trennung – Abnehmender und Neumond
- Neue Freundschaft finden – Zunehmender Mond

Selbstliebe, Eigensorge und Entspannung

- Ängste und Sorgen loslassen – Neumond, Langzeitzauber über den abnehmenden Mond oder kurzfristig
- Schlechte Angewohnheiten loswerden – Neumond
- Selbstliebe & Schattenarbeit – Abnehmender Mond und Neumond
- Besserer Schlaf – Langzeit über den gesamten Zyklus oder kurzfristig nach Bedarf
- Stress lindern – Kurzfristig oder Langzeitzauber über einen gesamten Zyklus

Wenn du gerne ein Ritual zu Voll- oder Neumond durchführen willst, informiere dich über den genauen Zeitpunkt, zu dem der Mond voll oder eben „leer“ ist. Manchmal kann es nämlich sein, dass der genaue Zeitpunkt für uns mitten am Tag ist, wo der Mond gar nicht zu sehen ist. Wenn das der Fall ist, führst du dein Vorhaben einfach in der Nacht davor durch, dann bekommst du noch die stärkste Kraft der Mondphase, ohne schon im nächsten Zyklus zu sein. Du kannst auch die Zwischenphasen zwischen zum Beispiel Neumond und zunehmendem Halbmond nutzen, dafür gibt es aber dedizierte Bücher, die dir alles ganz genau im Detail erklären. Schau dazu im Anhang nach den Buchempfehlungen zum Thema.

MONDWASSER SELBST HERSTELLEN

In manchen Situationen steht der Mond einfach nicht in der richtigen Konstellation oder du hast einfach keine Zeit für ein langes Ritual. Dann kann dir Mondwasser von Nutzen sein. Das ist Wasser aufgeladen mit der Kraft einer ausgewählten Mondphase, wodurch seine Kraft auch außerhalb der Nacht und der Phase zugänglich wird. Es ist sehr einfach herzustellen und kann für die unterschiedlichsten Bedürfnisse verwendet werden.

Um dir dein eigenes Mondwasser zu machen, benötigst du einfach nur Wasser, ein durchsichtiges Behältnis, zum Beispiel eine Plastikflasche oder eine Flasche aus Weißglas, und die gewünschte Mondphase. Befülle deine Flasche mit Wasser und stelle es über Nacht, wenn die Sonne bereits untergegangen ist, nach draußen. Wähle einen Ort, an den viel Mondlicht scheinen wird, achte also darauf, dass dein Wasser nicht von einem Vordach oder einer Barrikade abgedunkelt wird. Lass das Wasser nun über Nacht die Kraft des Mondes ansammeln und speichern.

Am nächsten Morgen ist wichtig zu beachten, dass du dein Mondwasser wieder reinholst, bevor die ersten Sonnenstrahlen es erreichen. Die Sonne ist die entgegengesetzte Kraft zum Mond und würde der Wirkungskraft deines Mondwassers schaden, wenn sie miteinander in Berührung kämen. Bewahre es einem dunklen Ort auf und achte bei Verwendung darauf, keine direkte Sonneneinstrahlung auf die Flasche treffen zu lassen.

Wofür kann Mondwasser verwendet werden?
Die Wirkung des Mondwassers entspricht der Phase, in der du es hergestellt hast. So unterstützt Mondwasser aus dem zunehmenden Mond zum Beispiel Projekte oder neue Beziehungen. Mondwasser, das an Vollmond hergestellt wurde, ist besonders mächtig. Es kann in allen Bereichen eingesetzt werden, in denen du eine Extraportion kräftiger Energie benötigst. Verwende es zum Beispiel in einem Hexenfläschchen (siehe S. 119) oder als Basis in einem Ritual. Auch für alltägliche Dinge kann Vollmondwasser genutzt werden. Hexen verwenden es zum Beispiel zum Gesichtwaschen für eine Extraportion Energie oder gießen ihre Pflanzen damit, wenn eine mal den Kopf etwas hängen lässt. Du kannst auch Mondwasser trinken, dabei musst du dann aber darauf achten, dass dein verwendetes Wasser sauber ist. Nimm also zum Beispiel eine noch verschlossene Plastikflasche zur Herstellung oder fülle frisches Leitungswasser in eine gereinigte Flasche ab.

DER MOND UND DIE WEIBLICHKEIT

Warum bringt man diese zwei Bedeutungen immer wieder zusammen? Der Mond braucht für eine Umrundung der Erde etwa 29,5 Tage. Das ist ungefähr genauso lange wie ein weiblicher Monatszyklus, welcher im Durchschnitt zwischen 24–35 Tagen dauert. Wissenschaftlich gesehen gibt es zwar keine nachweisbare Verbindung, dennoch steht der Mond in vielen Kulturen in Verbindung mit der Weiblichkeit und potentiell auch mit dem weiblichen Zyklus. Die Phase vor dem Eisprung wird dabei vom zunehmenden Mond repräsentiert, die Zeit des Tatendrangs und des Erfolgs. Der Eisprung ist mit dem Vollmond gleichzusetzen, der kräftigste Tag mit der meisten Energie. Nach dem Eisprung haben viele Frauen das Gefühl, dass sie weniger Energie haben, was wiederum mit dem abnehmenden Mond harmoniert. Es gibt aber noch andere Verbindungen als den weiblichen Hormonhaushalt. Gerne werden die Mondphasen für die spirituelle Arbeit auch mit den drei „Entwicklungsphasen" einer Frau verglichen: Zunehmender Mond: Jungfrau, Vollmond: Mutter, abnehmender Mond: alte Frau. Es gibt auch eine Gottheit, die diesen Prozess verkörpert, die sogenannte Dreifaltige Göttin.

Die Elemente

Die meisten Menschen werden wahrscheinlich die Elemente als Aufzählung von vier Symbolen kennen: Feuer, Wasser, Erde und Luft. So begegnen sie uns in vielen Fantasy-Geschichten, Astrologie oder dem Feng-Shui. In der Spiritualität und der Hexerei dienen die Elemente als eine eigenständige Kraft, um Rituale und Bräuche zu unterstützen. Fast jede Kultur hat ein eigenes System für Elemente entwickelt, dabei verwenden sie nicht alle die gleichen Hauptelemente und viele davon arbeiten sogar mit fünf anstatt vier Elementen. In vielen asiatischen und vor allem der chinesischen Lehre werden zum Beispiel Metall, Holz, Feuer, Erde und Wasser verwendet. Während es im indoeuropäischen Raum Feuer, Wasser, Erde, Luft und Äther sind, die in den fünf Ecken des Pentagramms symbolisiert werden.

Einige Kulturen sprechen den Elementen zusätzlich noch unterschiedliche Kräfte zu, die über ihre physischen Eigenschaften hinausgehen. Himmelsrichtungen, Planeten, Gefühle und Schicksale dienen als Mittel zur spirituellen Verbindung. Diese Eigenschaften können sich in verschiedenen Kulturen widersprechen, daher ist es ratsam, sich bei der Arbeit mit den Elementen für eine Lehre zu entscheiden. Die Wahl dabei kann ganz einfach begründet sein, weil du eine Kultur am interessantesten findest oder weil sich die zugesprochenen Eigenschaften für dich richtig anfühlen.

Ich werde im folgenden Teil auf das System mit Feuer, Wasser, Erde, Luft und Äther eingehen, da ich es selbst in meiner Arbeit so verwende. Die Elemente werden vor allem in Ritualen und Zaubern verwendet, um sie als unterstützende Kraft zu nutzen. Jedes Element für sich hat eine enorme Stärke und kann eine große Auswirkung auf dein Vorhaben haben.

Wasser

Wasser ist das Element der Veränderung. Es ist der Antrieb allen Lebens und passt sich ebenso sehr an die Umwelt an, wie es sie beeinflusst. Der Wechsel des Wetters, die Änderung der Gezeiten und der Verlauf von Gewässern sind unaufhaltsame Kräfte. Durch Ebbe und Flut ist das Meer, und somit auch die größte Quelle unseres Wassers, fest mit dem Mond verbunden.

Aber Wasser ist nicht nur gewaltig. Es spendet uns Leben, es lockert den Boden, es reinigt unseren Körper und unsere Seele. Dadurch wird es auch als Element der Harmonie und der Reinigung gesehen. Wir müssen unsere Emotionen und unsere Energien fließen lassen und offen für Veränderung sein. Eine Welle kann gegen Felsen schlagen oder um sie herumfließen. Aber Wasser findet immer einen Weg, und solange es nur seine Richtung hält, kann es Berge spalten, Täler erschaffen und die Natur darin erblühen lassen. Wegen dieser Schöpfungskraft gehört es auch zu den Fruchtbarkeitssymbolen. Jedes Lebewesen braucht klares Wasser und nimmt dadurch seine Kraft auf, sowohl die Ruhe eines stillen Sees als auch die Stärke eines reißenden Flusses. Wasser wird durch tiefe und kühle Farben, aber am meisten durch die Farbe Blau symbolisiert und kann in der Praxis auch durch Mondschein oder Meersalz manifestiert werden. Häufig verwendete Effekte sind unter anderem Schutz und tiefsitzende Emotionen.

Feuer

Feuer ist das Element der Kraft. Wenn es entfacht wird, werden unglaubliche Mengen an Energie freigesetzt. Es gibt uns Wärme und Licht. Feuer war auch der erste Funke für menschlichen Fortschritt. Gleichzeitig ist es auch das einzige Element, welches nicht alleine existieren kann. Es atmet, es frisst und es hat nur eine begrenzte Zeit, bevor es wieder erlischt. Dadurch zeigt es uns, dass Schwäche nicht das Gegenteil von Stärke ist, sondern dessen Ursprung. Es kann vernichten oder wärmen. Alles hat seine Zeit, seinen Ort und braucht Balance. Nur dann können zwischen Tod und Zerstörung auch Leben, Licht und Wärme existieren. Das stärkste Beispiel hierfür ist unsere Sonne, die jeden Tag wärmt, erleuchtet und Energie spendet. Nur durch das empfindliche Gleichgewicht zwischen ewiger Eiszeit und einem Planeten voller Asche kann das Wunder des Lebens existieren. Feuer wird durch warme Farben, aber vor allem die Farbe Rot symbolisiert und kann auch durch Asche oder durch Sonnenschein manifestiert werden. Mit Feuer verbundene Emotionen sind Liebe, Hass und Kreativität. Wegen seiner Zerstörungskraft ist Feuer das Element der Bannung.

Erde

Erde gilt als Element der Stabilität. Jeder Schritt, den wir gehen, ist auf festem Boden. Wurzeln werden tief in die Erde geschlagen, damit die größten Bäume genug Halt haben, um Stürme und Fluten durchzustehen. Unsere Gebäude schützen uns jahrhundertelang vor Wind, Wetter und dem Wechsel der Jahreszeiten. Wir können Erde formen, uns Wege durch sie bahnen, aber sie niemals kontrollieren. Kilometerlange Bergketten werden unaufhaltsam über Jahrmillionen aufgetürmt, während der Boden bebt und Schluchten die Landschaft aufreißen. Trotz dieser gewaltigen und beständigen Entwicklung gibt Erde auch der kleinsten Pflanze den Nährboden für ihr Wachstum. Sie ist die Grundlage des Lebens und bietet uns Halt und Frieden. Wir erden unseren Geist und lernen, Ruhe und Energie aus dieser tiefen und unerschöpflichen Quelle zu ziehen.

Erde wird am häufigsten durch die Farbe Grün, aber auch manchmal durch Braun und Ockertöne symbolisiert. Das Erdelement kann mit vielen Metallen und Gesteinen in die Arbeit eingebunden werden. Wirkungen sind zum Beispiel Gleichgewicht, Fruchtbarkeit und Achtsamkeit.

Luft

Luft wird als Element der Freiheit gesehen. Der Wind trägt Vögel und Wolken über alle Kontinente und kann in wenigen Minuten das Wetter umschlagen lassen. Von der sanften Brise, die Pollen über die Felder weht und Bienen trägt, um ein weiteres Jahr den Kreis des Lebens aufblühen zu lassen, bis hin zu Stürmen, die ganze Landschaften durch geballte Kraft neu verändern können. Deswegen symbolisiert dieses Element auch Veränderung.

Luft ist ebenso vielseitig wie lebenswichtig. Wir atmen sie, ziehen unsere Energie aus ihr und leben permanent mit ihr um uns herum. Es befreit den Geist, sich bewusst auf das Element zu konzentrieren und von der leichtfüßigen Perspektive des Windes zu lernen. Luft ist unantastbar und doch in ständigem Kontakt mit allem. Es ist die Schwester des Feuers, die es antreibt, und der Bruder des Wassers, der es belebt. Wir atmen alle dieselbe Luft und sind durch sie genauso verbunden, wie sie alles Leben verbindet.

Luft wird durch leichte und blasse Farben symbolisiert. Am gängigsten ist hierbei Weiß. Es wird selten zusätzlich in Ritualen manifestiert. Stattdessen wird für einen stärkeren Effekt das Ritual nach draußen verlegt oder auf stürmisches Wetter gewartet. Das Luftelement wird auch für Kommunikation herbeigerufen.

Äther

Äther ist das Element des Seins. Da Äther keine physische Darstellung hat, ist es sehr schwer, dieses Element zu beschreiben. Versuch dir Äther wie das Universum vorzustellen, unendlich groß, ohne Raum und Zeit. Dieses Element ist die Grundlage, auf der alles Geistige und Spirituelle basiert. Es gewährt unserem Geist einen Einblick in die Unendlichkeit und wir können unsere Perspektive durch seine Lehren erweitern.

Äther wird mit dunklen Farben symbolisiert, weswegen Schwarz am nächsten liegt. Es kann nicht zusätzlich manifestiert werden, denn Äther ist immer da, wenn du magisch arbeitest. Nur die Fläche, in der das Ritual vollzogen wird, kann vergrößert werden, um den Effekt zu verstärken.

Um ein Element in deine Arbeit einzuladen, gehst du genauso vor wie mit allen Entitäten. Nutze eine physische Repräsentation wie Farben, befüllte Gefäße mit zum Beispiel Wasser oder Erde oder Symbole wie das Pentagramm. Auf Seite 146 findest du Ideen, wie du die Elemente symbolisieren kannst.

Entitäten

Bevor ich dir erzähle, was Entitäten sind und wie Hexen mit ihnen arbeiten, möchte ich ein Wort der Vorsicht aussprechen: Die Arbeit mit Entitäten ist für Fortgeschrittene gedacht. Um mit Entitäten zu arbeiten, benötigst du bereits eine gewisse Sensibilität für Energien. Also, dass du zum Beispiel deine eigenen Emotionen und Gedanken und die damit einhergehende Energie erkennen und ausblenden kannst, damit sie die Wahrnehmung um dich herum nicht beeinflussen. Es ist auch wichtig, dass du vorher die Fähigkeit aufgebaut hast, die Arten der Energien zu unterscheiden. Entitäten sind reine Energie und kommunizieren meist über Impulse, die du sonst eventuell nicht wahrnehmen oder deuten könntest. Du solltest auch in der Lage sein, dich zu schützen. Ich rate dir, immer nur mit Energien zu arbeiten, denen du vertraust.

HINWEIS

Als Hexe ist es kein Muss, mit Entitäten zu arbeiten, vor allem nicht direkt am Anfang. Ich selbst habe auch sehr lange gebraucht, bis ich mich überhaupt halbwegs bereit genug gefühlt habe, um eine Kontaktaufnahme zu wagen. Du kannst die Arbeit mit Entitäten nicht erzwingen. Sie werden zu dir kommen, wenn sie es für richtig halten.

Als Entitäten werden in der Hexerei alle körperlosen und eigenständigen Energien bezeichnet. Ein Rosmarin hat zum Beispiel zwar eine eigene Energie, hat aber einen physischen Körper und denkt nicht selbstständig oder handelt nach eigenem Ermessen. Zu den bekanntesten Entitäten gehören Götter, Engel, Geister und Dämonen und die Elemente. In der magischen Arbeit werden Entitäten in Zaubern, Ritualen oder Meditationen angerufen und gebeten, mit ihrer Macht das eigene Wirken zu unterstützen.

Entitäten sind aktiv handelnde und sehr charaktervolle Wesen, denen du nicht einfach Befehle geben kannst. Daher musst du, bevor du mit einer bestimmten Entität zusammenarbeiten möchtest, eine Beziehung zu ihr aufbauen. Das machst du, indem du dich zuerst einmal intensiv über die Entität informierst. Bei Göttern ist das am einfachsten, da es über sie die meisten Geschichten und Überlieferungen gibt. Um mit einer Entität eine Verbindung aufzubauen, solltest du darauf achten, was sie gerne mag, was für Formen, Farben, Tiere oder andere Dinge mit ihr in Verbindung gebracht werden.

Baue einen eigenen Altar für die Entität auf, um ihr zu zeigen, dass du Interesse an einer Zusammenarbeit hast. Dekoriere ihn mit allem, was die Entität mag, und bringe ihr regelmäßig kleine Gaben in Form von Essen und Getränken und kleinen Geschenken dar. Wenn du dich für Essensgaben ent-

scheiden solltest, dann achte bitte darauf, verderbliche Lebensmittel rechtzeitig zu beseitigen.
Ich habe eine Zeitlang aus reinem Interesse mit dem Halbgott Loki gearbeitet. Mein Altar war sehr einfach aufgebaut: eine schwarze, mit Chili-Öl und Zimt eingeriebene Kerze, sechs schwarze Turmaline, die im Kreis um die Kerze platziert waren, und Runensteine, die seinen Namen bildeten (aus unerfindlichen Gründen waren ein Großteil meiner Runensteine verschwunden, aber rein zufällig – es war natürlich kein Zufall – waren genau die Steine, die ich für seinen Namen gebraucht habe, noch da). Ich habe in regelmäßig eine kleine Schale mit Zimt und Zucker befüllt und in den Kreis gestellt, da Loki dies sehr gerne mag. Dein Altar muss also nicht groß oder aufwendig sein – Mache dir Gedanken und wähle Objekte sinnvoll aus.

Hab bei der Arbeit mit Entitäten immer im Hinterkopf, dass die Entität, die du versuchst anzuziehen, eine starke selbstständige Kraft ist. Nicht jede Entität reagiert sofort oder überhaupt. Oft werden Entitäten angerufen, weil man ein Problem hat, bei dem man Hilfe benötigt. Zum Beispiel ist Hekate eine beliebte Göttin, um bei mentalen Problemen zu helfen. Doch in den meisten Fällen wird eine Entität nicht auf die Weise helfen, wie man es erwartet. Angenommen, du bittest Hekate, dir zu helfen, über Angstzustände hinwegzukommen. Sie wird dich umsorgen und für dich da sein, aber sie wird dich auch testen und dir Hürden in den Weg stellen. Sie wird dich sehr wahrscheinlich zum Verzweifeln bringen, aber sie wird dich stark machen. Götter und andere Entitäten sind eigensinnig und haben oft eine andere moralische Einstellung als wir Menschen. Wenn du am Ende der ganzen Herausforderungen keine Angstzustände mehr hast, hat Hekate deine Bitte erfüllt. Erwarte nicht, dass sich deine Situation auf *magische* Weise ändert, nur weil eine Entität im Spiel ist. Die Arbeit mit Entitäten kann wertvoll oder manchmal sogar wie eine Freundschaft sein, doch sie kann auch frustrierend und anstrengend sein.

Es kann auch vorkommen, dass eine Entität aktiv Kontakt zu dir aufnimmt. Das kann in Form von Hinweisen im Alltag passieren (du siehst z. B. immer wieder ein Tier, das mit der Entität in Verbindung steht) oder sie erscheint dir direkt im Traum. Oft sind es deine Lebensumstände oder dein geistiger Zustand, die eine Entität anregen, dir Unterstützung zu bieten.

Was brauchst du für deine Arbeit?

Zusätzlich zu den außenstehenden Energiequellen, gibt es auch noch einige weitere Gegenstände, die du dir in deiner Arbeit zunutze machen kannst. Wenn Hexen in den Medien dargestellt werden, besitzen sie oft eine Kristallkugel, einen Zauberstab oder einen fliegenden Besen. Das sind alles sehr klischeebehaftete Objekte, die aber dennoch ihren Platz in der magischen Praxis haben (bis auf den *fliegenden* Besen, aber das sollte an dieser Stelle bereits klar sein). Auch ein Hexenkessel wird gerne in Zusammenhang mit magisch Wirkenden gebracht, er trägt ja sogar schon die Tätigkeit im Namen! Aber was von diesen ganzen Sachen verwendet eine Hexe denn eigentlich in der echten Welt? Und sind diese ganzen Hilfsmittel auch wirklich nützlich?

Wie bei so vielen Themen ist sich auch hier die Hexen-Gemeinschaft nicht einstimmig einig. Die eine Seite sagt, du benötigst nur dich selbst, die andere ist vom Gegenteil überzeugt. Grundsätzlich bin ich der Meinung, jedes Hilfsmittel hat seine Daseinsberechtigung, denn wie du jetzt weißt, besitzt jedes Objekt seine eigene Energie und kann dir somit behilflich sein. Deswegen heißen sie ja auch Hilfsmittel. Sie helfen dir, aber du musst sie auch zu nutzen wissen. Materialien, ohne denjenigen, der ihnen eine Bestimmung gibt, sind am Ende doch nur Materialien. Eine Kerze weiß nicht von alleine, dass sie dir Glück bringen soll, nur weil sie grün ist.

Durch die sozialen Medien bekommen wir mittlerweile ein neues Bild davon, wie eine moderne Hexe aussieht. Die Mythen und Sagen aus alten Zeiten werden plötzlich für jeden zugänglich und verbildlichen etwas, was für viele nur ein Traum war. Wer sich von den Bildern, Texten und Videos angesprochen fühlt, beschließt vielleicht, ebenfalls eine Hexe sein zu wollen. Wir, ich als Hexe mit Social-Media-Präsenz eingeschlossen, werden zu Vorbildern für andere, oftmals auch sehr junge Menschen.

Auf den Profilen sieht man wunderschöne Altäre, voll dekoriert mit hölzernen Statuen und allen möglichen Behältern. Es liegen getrocknete Kräuter herum und am besten springt noch die schwarze Katze durchs Bild. Es sieht aus wie in einem perfekten Hexenhaus. Die ganzen außergewöhnlichen Utensilien werden repräsentiert und hübsch dargestellt.

Doch muss so wirklich das Zimmer einer Hexe aussehen? Ich möchte meine Frage vom Anfang des Kapitels verbessern: Sind diese ganzen Hilfsmittel auch wirklich *notwendig?*

Nehmen wir mich als Beispiel: Ich führe Hexerei als meinen *Job* aus. Es ist meine tägliche Arbeit, das Leben einer Hexe zu verkörpern und authentisch

darzustellen. Dafür sind mein gesamtes Zimmer und sogar die Wahl meiner Wohnung ausgelegt. Meine Dekorationen und Möbel sollen ein bestimmtes Bild vermitteln. Natürlich fühle ich mich darin wohl, sonst würde ich das Ganze nicht machen, aber würde ich das *Hexe Sein* privat ausleben, sähe es wahrscheinlich etwas anders aus. Ich hätte ganz bestimmt keine ganze Wand mit riesigen Gläsern, bis zum Rand gefüllt mit Kräutern oder einen vierstufigen Altar. Oder drei Lagerregale in der Garage voll mit Materialien und Waren.

TIPP

Lass dich bitte nicht von den Bildern von Social Media verunsichern! Sieh sie als Inspiration und Motivation, aber niemals als Zwang oder Richtlinie.

Nein, als ich privat anfing, sammelte ich Kräuter in alten Gläsern. Ich baute mir aus einer Palette ein kleines Regal für meine Utensilien und schraubte mir aus altem Holz einen Altar zusammen. Ich nutzte alles, was sich irgendwie finden ließ. Das Ganze sah nicht ansatzweise *perfekt* aus, aber das musste es auch nicht. Und das muss es auch bei dir nicht. Sei kreativ und nutze einfach, was du findest.

Utensilien – deine magischen Helfer

Am Anfang des ersten Harry-Potter-Films, nachdem Harry erfährt, dass er von nun an nach Hogwarts gehen wird, bekommt er eine Einkaufsliste mit benötigten Utensilien für den Schulanfang. Darunter sind zum Beispiel ein Zauberstab, ein Kessel aus Zinn und ein Sortiment aus Glas- und Kristallfläschchen. Harry fragt sich, wie er das Ganze bezahlen soll, doch glücklicherweise wurde ihm eine Menge Geld hinterlassen. Leider hat nicht jeder so ein Glück wie Harry und besitzt einen ganzen Tresor voll mit Gold. Doch trotzdem sind auch in unserer realen Welt magische Utensilien oftmals sehr teuer.

In der Klappe des Buches findest du eine kleine magische Einkaufsliste, was du als Hexenanfänger benötigst, um deine ersten Schritte machen zu können. Damit du aber auch weißt, wofür du diese Dinge verwendest und warum sie für deinen Beginn hilfreich sind, gehe ich in diesem Kapitel nochmal genau auf viele magische Utensilien ein. Ich möchte dir nicht nur die bekanntesten Hilfsmittel vorstellen und dir erklären, wofür du sie brauchst, ich möchte dir auch Alternativen aufzeigen. Ob du die Utensilien verwenden möchtest oder nicht, bleibt sowieso ganz dir überlassen. Der eine fühlt sich wohl mit einem Zauberstab, der andere nicht. Solltest du aber etwas von den folgenden Dingen verwenden möchten, möchte ich dir eine Möglichkeit zeigen, wie du auch ohne viel Geld ein gleichwertiges Hilfsmittel erhalten kannst.

Dein Weg der Hexerei soll inspirierend, erfrischend und vor allem persönlich sein. Das Hexerei selten aus klaren Anweisungen und Richtlinien besteht, solltest du mittlerweile selbst festgestellt haben. Und so möchte ich dich auch bei diesem Thema dazu motivieren, deine eigenen Gefühle und Vorlieben auszutesten und besser kennenzulernen.

Notizbuch

Ein Buch, in das du alles aufschreibst. Und damit meine ich wirklich alles. Jeden einzelnen Zauber, jeden Versuch, jede Information und jede Überlegung, die du anstellst. So ein Notizbuch wird von den meisten *Buch der Schatten* genannt. Dieser Begriff (eng. *book of shadows,* abgekürzt BOS) stammt ursprünglich aus dem Wicca-Glauben und beschreibt ein Buch, in dem Rituale und Bräuche niedergeschrieben sind. Mittlerweile wurde der Begriff verallgemeinert und wird auch von Nicht-Wicca verwendet. Es dient dazu, seine magische Arbeit zu dokumentieren, sich Notizen zu machen und Erfahrungen aufzuschreiben.

Ich selbst bin niemand, der ordentliche Aufzeichnungen oder Berichte in der Schule geschrieben hat, und so war ich auch kein Fan eines solchen Buches. Doch ich habe schnell festgestellt, warum es äußerst wichtig ist, sich zu notieren, was man so alles fabriziert. Du wirst dich nach mehreren Jahren

kaum noch erinnern können, was du damals in deiner Räuchermischung oder gar deinem Liebestrank verwendet hast. Es ist wichtig, deine Arbeit nachzuverfolgen, replizieren oder sogar rückgängig machen zu können.

Da ein Buch der Schatten das gesamte Wissen einer Hexe enthält, ist es für viele ein sehr besonderes Objekt. Deswegen wird dafür gerne auch ein ungewöhnliches und spezielles Buch verwendet. Nicht selten sind es dicke, in Leder gebundene Bücher mit handgeschöpften Seiten und einer hübschen Prägung auf dem Einband.

Günstige Alternative: Ein einfaches Notizbuch erfüllt den gleichen Zweck. Mein persönliches BOS ist ein Ordner, in den ich geordnet neue Seiten einheften kann. Diese Methode ermöglicht es mir, ständig zu einem Thema Anhänge hinzuzufügen, ohne dabei von aneinanderhängenden Buchseiten eingeschränkt zu werden. Ein BOS kann natürlich auch digital geführt werden, dadurch kann es einfacher strukturiert und sortiert werden.

DAS GRIMOIRE

Ein Grimoire ist ähnlich einem Buch der Schatten und wird gerne mit ihm verwechselt. Ein BOS enthält alle Ideen, Gedanken und Versuche eines Praktizierenden. Sie sind oft etwas chaotisch, mit Notizen übersät und enthalten auch mal gescheiterte Versuche. Ein Grimoire hingegen ist eine geordnete Niederschrift aller wirksamen Erfolge, ähnlich einem Lehrbuch. Sie sind eine saubere Aufarbeitung der effektiven Zauber, Rituale, Talismane und anderer Erfolge einer Hexe. Grimoire sind dafür gemacht, von anderen gelesen zu werden und das enthaltene Wissen weiterzutragen.

Zauberstab

Ein Zauberstab dient in der Magie zur Kanalisierung der Energie, also zur Konzentration von Energie auf einen Punkt. Erinnerst du dich an die Übung aus dem Kapitel *Wie aktivierst du deine eigene Energie?* auf Seite 43? Dort hast du gelernt, deine eigene Energie zwischen deinen Händen zu spüren. Ich persönlich zaubere sehr oft mit meinen Händen, da ich dort eine sehr starke und direkte Verbindung zu meiner Umgebung aufbauen kann. Wenn ich zum Beispiel etwas mit Energie aufladen möchte, lege ich meine Hände darum, oder wenn ich etwas vertreiben will, wische ich es mit den Handflächen davon. Aber manchmal wird eine genauere Führung der Energie benötigt.

Die Energie aus deinen Händen fließt weitläufig und großflächig, die Energie in einem Zauberstab hingegen sammelt sich an seiner Spitze und kann gezielt eingesetzt werden. Du verwendest ihn zum Beispiel, wenn du eine bestimmte Richtung vorgeben willst, in die dein Zauber gehen soll. Wenn du ein magisches Symbol in die Luft ziehen willst oder wenn du deinen Schutzkreis visuell darstellen möchtest.

Theoretisch kann diese Führung auch mit deiner Hand ausgeübt werden, indem du einfach alle Energie in einen ausgestreckten Finger leitest. Das kann aber gerade Anfängern etwas schwerfallen oder sich unangenehm anfühlen.

Ein Zauberstab kann außerdem verwendet werden, wenn du eine Energie nicht selbst berühren möchtest, weil sie dir zu stark oder unangenehm ist. Das kann zum Beispiel passieren, wenn du ein Objekt von einer anderen Person verwenden willst oder einer starken negativen Energie begegnest, die du entfernen willst. Der Zauberstab dient dann als eine Brücke zwischen dir und der anderen Energie und du kannst sie bewegen, ohne selbst mit ihr in Berührung zu kommen.

Günstige Alternative: Jeder Stock oder Ast kann ein Zauberstab sein. Wenn du möchtest, schnitze ihn in eine schöne Form oder dekoriere ihn. Binde einen Edelstein daran oder wickele ein Band um den Griff, mache ihn zu deinem eigenen Zauberstab. Ein Zauberstab muss auch nicht immer aus Holz sein. Andere Materialien wie Glas oder Stein funktionieren genauso gut. Ein Stift oder eine Schreibfeder sind ebenfalls geeignet.

Hexenkessel

Der traditionelle Hexenkessel ist ein großer, bauchiger, aus Gusseisen gefertigter Kessel. Er ist sehr robust und vor allem hitzebeständig und wird meistens verwendet, um in ihm Objekte sicher zu verbrennen, als Aufbewahrungsort oder zum Mischen von Kräutern oder Ähnlichem.

Für viele spirituell Interessierte steht der Hexenkessel häufig als ein Symbol der Weiblichkeit, genauer gesagt des Uterus einer Frau. Es ist weniger die bauchige Form, die daran erinnert, sondern vielmehr die Fähigkeit des Erschaffens, die jeder Kessel in sich trägt. Er kann zum Beispiel Gemüse in eine Suppe verwandeln oder eine Zusammensetzung aus Flüssigkeiten zu einem magischen Trank brauen. So gesehen könnte jeder beliebige Kessel ein Hexenkessel sein, doch es gibt historische Funde, die bezeugen, dass es in verschiedenen Kulturen besondere Kessel gab, die speziell für rituelle Zwecke genutzt wurden. Oftmals waren sie mit Bildern und Symbolen verziert und wiesen so auf ihren Verwendungszweck hin.

Die Hexenkessel, die heutzutage von den meisten Praktizierenden verwendet werden, sind kleine Versionen aus Gusseisen, die auf drei Beinen stehen. Oftmals sind diese Mini-Kessel mit einem Pentagramm oder mit anderen magischen Symbolen verziert. Durch das Material und die Standbeine eignet er sich hervorragend, um darin ohne Sorge auf Brandgefahr etwas zu verbrennen. Ich persönlich nutze meinen Hexenkessel überwiegend für Räucherungen mit Kohle oder dem Verbrennen von Zaubern beziehungsweise dem Verbrennen von Zetteln oder Blättern.

Günstige Alternative: Falls du keinen gusseisernen Kessel möchtest, kann ich dir Flohmärkte oder Kleinanzeigen als Gefäß-Fundgrube empfehlen. Dort findet man oft schöne, alte und vor allem hochwertige Gefäße, die als Kessel verwendet werden können. Wenn du sofort ein Gefäß benötigst, kann auch eine Schale aus Metall, Stein oder sogar ein kleiner Topf herhalten. Achte dabei aber immer auf die Hitzeentwicklung und sorge dafür, dass das Gefäß nicht nur auf einen Punkt erhitzt wird (siehe S. 99 am Beispiel der Räucherkohle). Außerdem brauchst du dann unbedingt einen feuerfesten Untergrund, zum Beispiel eine alte Fliese oder eine Schieferplatte.

Besen

Also doch ein Besen? Ja, aber kein fliegender! Besen werden zur energetischen und natürlich auch zur physischen Reinigung verwendet. Indem du mit deinem Besen ganz knapp über deine Oberflächen fegst, entfernst du auf der energetischen Ebene ungewollte Energie. Das kann übrigens auch nur ein ganz kleiner Besen sein, wenn du zum Beispiel nur deinen Altar reinigen möchtest.

Günstige Alternative: Du kannst jeden normalen Besen verwenden. Einen Handbesen, einen großen Besen, einen Malerpinsel, einen Make-up-Pinsel (mein persönlicher Liebling) oder sogar eine weiche Haarbürste. Alles, was Borsten hat und sich irgendwie zum Fegen eignet. Achte bei Besen, die sonst im Haushalt verwendet werden, darauf, sie vor der magischen Verwendung etwas sauber zu machen und auszuklopfen. Es bringt dir nichts, wenn du versuchst, etwas energetisch zu reinigen, während dir der Dreck aus den Borsten fällt.

Glaskugel

Glaskugeln werden tatsächlich, wie in Film und Medien dargestellt, für Vorhersehung und Deutung verwendet. Nur, dass dabei kein reales Bild entsteht und die Vision stattdessen eher auf einem Trancezustand und Interpretation beruht. Es geht darum, die Formen und Reflexion in der Kugel zu erkennen und zu deuten.

Diese Technik wird *scrying* genannt. Im Deutschen gibt es dafür keinen richtigen Begriff außer Hellsehen oder Wahrsagen, was aber nicht spezifisch genug für die Handlung ist. Beim *scrying* wird für einen längeren Zeitraum konzentriert auf eine Glaskugel oder andere reflektierende Oberflächen wie Spiegel oder Wasseroberflächen geschaut. Dadurch verliert man den Blick für die scharfen Kanten und Linien der Welt um einen herum und kann dann eventuell Formen, Farben oder andere Hinweise sehen, die gedeutet werden können.

Günstige Alternative: Richtige Glaskugeln sind unfassbar teuer, auch wenn sie sehr schön anzusehen sind. Eine Schale gefüllt mit Wasser, ein Handspiegel oder auch ein Spiegel im Badezimmer können genauso gut für die Divination genutzt werden. Wobei du mit Wasser am ehesten an das Wirken einer Glaskugel herankommst, da du im Wasser nicht komplett realistisch deine Umgebung sehen kannst wie in einem Spiegel. Deine eigene Wahrnehmung wird es dir schwerer machen, in einem Spiegel Formen und reale Bilder loszulassen, aber es ist möglich.

Spiegel

Spiegel oder lichtbrechende Oberflächen werden in der Hexerei nicht nur für *scrying*, sondern auch unter anderem für Schutz und Bannung verwendet. Dabei dient die Oberfläche dazu, die negative Energie zu reflektieren und somit abzublocken. Ein Spiegel in deinem Wohnungseingang eignet sich zum Beispiel sehr gut, um ungewollte Energien direkt abzufangen und wieder nach draußen zu werfen. Auch kannst du auf einen Spiegel wunderbar magische Symbole zeichnen, um seine Aufgabe nochmal zu verstärken oder genauer zu definieren.

Spiegel können auch zur Schattenarbeit genutzt werden (siehe S. 46). Dafür muss es nicht mal ein dedizierter „magischer" Spiegel sein, dein Badezimmerspiegel reicht dafür auch schon. Dabei geht es darum, sich selbst wahrzunehmen und sich ganz bewusst anzusehen und dabei zu lernen, die schönen Dinge wahrzunehmen und sich mit allen Imperfektionen zu akzeptieren.

Pendel

Pendeln ist ebenfalls eine Form der Divination. Es ist schnell anzuwenden und leicht zu verstehen. Ein Pendel ist ein Objekt, das an einer Schnur oder Kette hängt und an dieser schwingt. Die Bewegung des Pendels gibt dir Antworten und Auskunft über deine Fragen.

Pendel gibt es in unterschiedlichsten Formen, Farben und Materialien. Meistens sind sie aus einem Edelstein gefertigt, weil sie dadurch klein, aber trotzdem schwer genug sind. Außerdem gibt der verwendete Stein zusätzlich eine Wirkung ab. Aber auch Metalle oder Glas werden gerne als Gewicht verwendet.

Günstige Alternative: Jedes kleine Objekt, das schwer genug zum Schwingen ist, kann als Pendel verwendet werden. Nimm dir dafür einfach ein Stück Schnur und binde den Gegenstand an einer Seite daran fest. Beispiele für verwendbare Objekte sind zum Beispiel ein kleiner Stein, eine Murmel aus Glas oder ein Kettenanhänger. Ein Kettenanhänger, der bereits an einer langen Kette hängt, kann auch so direkt genutzt werden.

PENDELN FÜR BEGINNER

Da ich im restlichen Buch kaum bis gar nicht auf Divination eingehe, möchte ich dir an dieser Stelle eine kurze Anleitung zum Pendeln geben. Ich empfehle dir, auch hier einen schnellen Schutz zu visualisieren (siehe S. 144).
Bevor du starten kannst, musst du ein persönliches Pendel finden. Nicht jedes Pendel ist für jeden Nutzer geeignet. Suche dir ein Pendel, das dir gefällt und sich für dich gut anfühlt.

Stelle eine Verbindung zu deinem Pendel her. Nimm es dafür zwischen deine Hände und visualisiere, wie sich deine eigene Energie dort sammelt. Verbinde dich mit der Energie des Pendels und werdet eins. Wenn du das Gefühl hast, du bist bereit, kannst du starten.
Nimm nun das Pendel nun am Ende der Schnur zwischen deine Finger. Teste, welche Hand sich dafür besser anfühlt. Die meisten Hexen haben eine *starke* Hand, mit der sie eine sensiblere Empfindung für Energie haben. Halte das Pendel ganz locker, sodass es frei schwingen kann. Verkrampfe dich dabei nicht. Halte deine andere Hand unter das Pendel und lasse es ruhig werden.
Lege fest, welche Richtung was für dein Pendel bedeutet. Normalerweise werden beim Pendeln nur Fragen gestellt, die mit *Ja* oder *Nein* beantwortet werden können. Lege also fest, was für dich *Ja* und was für dich *Nein* heißt. Zum Beispiel, wenn es von links nach rechts schwingt, ist die Antwort *Nein*. Wenn du einmal die Richtungen für deine Antworten definiert hast, solltest du bei jeder erneuten Verwendung ebenfalls diese Ausrichtung nutzen.
Um zu prüfen, ob dein Pendel zuverlässige Ergebnisse liefert, stelle nun *Ja/Nein*-Fragen, für die du die Antworten bereits kennst (z. B. „Ist mein Name ...?" oder „Bin ich in ... geboren?"). Stelle auch bewusst falsche Fragen. Sollte dein Pendel falsch antworten, versuche eure Verbindung zu stärken oder versuche es zu einem anderen Zeitpunkt erneut.
Wenn dir dein Pendel zuverlässige Antworten liefert, kannst du beginnen, deinen wirklichen Fragen zu stellen. Versuche deine Frage so genau wie möglich zu definieren, um den Spielraum für Interpretation zu verkleinern.
Tipp: Mein Pendel mag es, am Anfang vor der Verwendung in Rauch zu schwingen. Es schwingt erst heftig, aber wenn es sich beruhigt hat, ist es bereit für meine Fragen. Vorher gibt es mir nur falsche Antworten, egal wie lange ich es zwischen den Händen halte. Probiere diese Methode gerne aus.

Messer

Messer werden in der Hexerei dafür genutzt, Energien zu trennen. Zum Beispiel, um die energetische Verbindung zweier Menschen endgültig zu trennen, nachdem diese sich bereits in ihrem normalen Alltag getrennt haben, aber immer noch eine emotionale Restverbindung besteht. Das kann den betreffenden Personen helfen, einen Schlussstrich zu ziehen und einfacherer mit dem Abschied zurechtzukommen. Dabei ist ein Messer für magische Arbeit im Normalfall nicht scharf, da es nur symbolisch etwas schneidet. Solche Klingen findest du auch unter dem Begriff Ritualmesser oder -dolch.

In traditionellen Wicca-Traditionen wird ein solches Messer Athame (ausgesprochen [ata-me]) genannt. Es ist ein sehr wichtiger und vor allem vielseitiger Bestandteil ihrer magischen Arbeit. Der Griff eines traditionellen Athames ist schwarz oder aus dunklem Holz. Die Klinge ist oft zweischneidig und muss nicht gerade sein wie bei einem herkömmlichen Messer. Ein Athame dient nicht nur zum Zertrennen von Energien, sondern kann wie ein Zauberstab zum Lenken, Verbinden und Sammeln von Energie genutzt werden.

Günstige Alternative: Eine einfache Alternative zu einem verzierten Ritualmesser ist ein einfaches Buttermesser. Diese sind im Normalfall nicht sehr scharf oder sogar ganz ohne Zacken. Eine weitere Möglichkeit wäre eine Schere. Sie hat ebenfalls die Fähigkeit, etwas zu schneiden, und ist dadurch eine schöne und einfache symbolische Wahl.

Mörser und Stößel

Ein Mörser ist eine tiefe Schale, normalerweise aus Stein, in der Kräuter, Gewürze oder andere kleine Materialien verkleinert werden können. Der Stößel oder auch Pistill genannt, dient dazu als Werkzeug. Es ist ein länglicher Stab mit einem abgerundeten Ende, mit dem im Mörser gerieben, gestampft

und zerkleinert wird. Durch das robuste Material kann eine große Kraft ausgeübt werden, wodurch die Materialien zwischen den zwei Steinen zermahlen werden. Üblicherweise findet sich ein solches Gefäß in der Medizin oder der Küche. In Apotheken werden sie immer noch zur Herstellung von Salben, Tees oder Arzneien verwendet. Dort ist der Mörser meistens aus Keramik, weil das einfacher zu säubern ist. In der Küche wird er verwendet, um Gewürze zu zerkleinern oder Pasten und Öle herzustellen.

Hexen benutzen einen Mörser zum Zerkleinern von Kräutern, Harzen, Wurzeln, Salzen oder sogar Kristallen. Kleine Bestandteile werden für Räuchermischungen, Rituale oder zum Beispiel zum Befüllen von Hexenfläschchen benötigt.

Günstige Alternative: Ein Mörser ist ein eigenes Werkzeug, das nicht direkt ersetzt werden kann. Falls du keinen hast, kannst du versuchen, deine Bestandteile klein zu schneiden oder mit einem Löffel zu zerdrücken. Sei dabei vorsichtig und übe nicht zu viel Kraft aus, damit sich der Löffel nicht verbiegt. Um Harze, Wurzeln oder Kristalle zu zerkleinern, kannst du diese auch zwischen zwei Steinen reiben. Lege dafür am besten einen Stein auf ein Tuch, damit du herunterfallende Teilchen auffangen kannst.

Glocke

Eine Glocke erklingt, wenn der Gottesdienst beginnt. Eine Glocke erklingt, wenn es Essen gibt. Eine Glocke erklingt, wenn Gefahr droht. Glocken sind ein wunderbares Mittel, um auf etwas aufmerksam zu machen. Sie bringen Menschen zusammen oder geben ihnen Informationen weiter. Genau das gleiche können sie auch mit Energie machen.

Glocken werden in der Hexerei verwendet, um zum Beispiel ein Ritual zu beginnen oder eine Energie anzulocken. Das Läuten einer Glocke kann negative Energie austreiben und somit einen Raum reinigen und sogar segnen. Dabei sind die Größe und der Klang von deiner Intention abhängig. Eine kleine, hellklingende Glocke dient zum Beispiel mehr dazu, mit Wesenheiten wie zum Beispiel Waldgeistern oder Tiergeistern zu kommunizieren, wohingegen sich eine große, schwere Glocke besser zur kraftvollen Reinigung eignet.

Günstige Alternative: Nicht nur Glocken können Lärm machen. Mit einem Löffel auf einen Topfunterseite schlagen, wie wir es als Kinder getan haben, ist genauso laut und mächtig wie eine große Glocke. Es macht sogar richtig Spaß, schlechte Energien mit Topfschlagen davonzujagen! Wenn du eher sanfte Töne benötigst, kann dir auch ein Windspiel dazu dienen. Der Klang eines schönen Glockenspiels reinigt liebevoll deine Umgebung oder hilft bei der Kommunikation mit einer Entität.

Schnur

Schnur, Kordel, Band oder Garn, überall in der Magie werden sie verwendet. Im Gegensatz zum Messer verbindet eine Schnur zwei Objekte, beziehungsweise zwei Energien, miteinander. In Zaubern wird sie dazu verwendet, Menschen einander näherzubringen, Ziele zu verknüpfen oder Energien aneinander zu binden.

In der Knotenmagie (siehe S. 120) ist eine Schnur der wichtigste Bestandteil eines Zaubers. Das Knüpfen von Knoten in eine Schnur wird dabei verwendet, um Absichten zu setzen, Energien zu binden oder zu lösen und bestimmte Ziele zu manifestieren. Auch bei Cord-Cutting-Ritualen ist eine Schnur der entscheidende Bestandteil, um den Zauber wirksam zu machen.

Natürlich kannst du eine Schnur auch noch für unzählige andere Dinge verwenden wie das Zusammenbinden von Kräutern oder das Anhängen von Etiketten an deine Zauberfläschchen.

Günstige Alternative: Es gibt keine direkte Alternative zu Schnüren, aber viele Möglichkeiten, kostenlos an welche zu kommen. Du kannst z.B. Bänder von Geschenken, Paketen oder verschnürten Waren aufheben. Wolle, Strickgarn oder Kordeln eignen sich ebenfalls. Auch alte Kleidungsstücke aus Wolle können ein Fundort sein. Solche Objekte haben dann zusätzlich sogar noch eine persönliche Verbindung zu dir, die dir bei der magischen Arbeit helfen kann.

Gläser und Fläschchen

Ich bin einer dieser Menschen, die jedes Glas aufheben, das sie in die Finger bekommen. Ich mache das aber nicht nur aus Spaß, sondern weil ich als Hexe einen besonderen Nutzen für alle noch so kleinen oder großen Gefäße habe. Gläschen und Flaschen können zum Beispiel als Zauber oder Ritual verwendet werden. Wie das genau geht, werde ich im Kapitel „Zaubersäckchen & Hexenfläschchen" (siehe S. 118) erklären und einige genaue Anleitungen anbieten.

Ein weiterer Grund, um Gläser zu sammeln, ist die Aufbewahrung von Kräutern und anderen kleinen Gegenständen. Beim Kauf von Kräutern bekommst du diese oft in Tüten. Einmal offen, sind sie etwas unpraktisch zu händigen, also fülle ich gerne alles direkt in Gläser um. Außerdem sind die Stoffe dann besser vor Ausdünstung und anderen Umweltbedingungen geschützt. Ganz wichtig: egal, ob einzelnes Kraut, Räuchermischung oder Zauber – versieh alle deine Gläser mit Etiketten, damit du auch in zwei Jahren noch weißt, was sich darin befindet. Ich musste schon etliche Mischungen wegwerfen, weil ich beim besten Willen nicht mehr wusste, was die Bestandteile sind oder wofür sie gedacht waren.

Kerzen und wie du die richtige wählst

Kerzen möchte ich in diesem Kapitel besonders hervorheben, denn sie sind ein Grundbestandteil für so gut wie jede praktische Arbeit. Sie können versiegeln, verbrennen und verbinden. Dadurch sind Kerzen sehr vielfältig einsetzbar und können auch als komplett eigenständiger Zauber dienen. Zusätzlich dazu sind sie sehr einfach einsetzbar. Zum Beispiel kannst du allein schon mit der richtigen Kerzenfarbe dein Vorhaben positiv unterstützen, ohne viel weiteren Aufwand. Auch sind Kerzen ein beliebtes Kommunikationsmittel für Entitäten und andere körperlose Energien. Wenn ein Praktizierender mit einer Entität zusammenarbeitet, wird oftmals eine Kerze verwendet, um der Entität im Zuhause einen Platz zu geben und sie dadurch zu repräsentieren. Darüber kann dann kommuniziert und miteinander gearbeitet werden.

Kerzen finden sich in jeder Form, Farbe und mittlerweile auch Duft. In der Kerzenmagie ist die Kerze das Herzstück deines Zaubers oder Rituals und die richtige Wahl ist daher sehr wichtig. Worauf kommt es also an?

✦ **Form:** Gebogen, ineinander verdreht, als Herz geformt, im Glas oder quadratisch, den Formen von Kerzen sind keine Grenzen gesetzt. In der magischen Praxis wird allerdings am häufigsten zu sogenannten Stabkerzen gegriffen. Das sind lange, dünne, zylinderförmige Kerzen, die du in den meisten Deko- und Bastelläden finden kannst.

Stabkerzen werden gerne aufgrund ihrer leichten Beschaffung und dem verhältnismäßig günstigen Preis verwendet. Ich selbst benutze Stabkerzen für so ziemlich jeden Zauber. Sie sind in verschiedenen Größen erhältlich, was bedeutet, dass sie immer flexibel anpassbar sind, je nachdem, wie viel Kraft du benötigst und wie viel Zeit du zur Verfügung hast.

Für Langzeitzauber, wie zum Beispiel einen Erfolgszauber, verwende ich gerne Stumpenkerzen. Das sind dicke, in verschiedenen Höhen erhältliche

Kerzen, die deutlich länger brennen als Stabkerzen. Sie bieten außerdem schön viel Platz für Symbole, Runen oder sonstige Dekoration.

Für so manchen Zauber können aber auch anders geformte Kerzen von Vorteil sein. Für einen Liebeszauber zum Beispiel würde sich eine herzförmige Kerze anbieten oder für eine Opferkerze einer Entität eine große, lange brennende Kerze im Glas. Wähle die Form nach deinen Bedürfnissen und der Intention deines Zaubers.

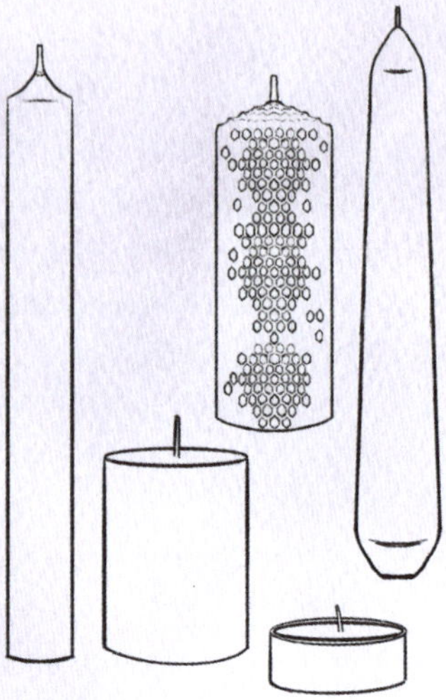

✦ **Farbe:** Wenn du dich für eine Form entschieden hast, ist der nächste Schritt, die passende Farbe auszuwählen. Dafür wendest du die Farbenlehre (siehe Klappen und S. 67) an, um die richtige Nuance für dein Vorhaben zu finden.

Ein wichtiger Punkt, auf den du bei deiner Wahl der Kerze achten musst, ist, dass das Wachs durchgefärbt sein muss. Das bedeutet, dass die Farbe im Wachs durchgängig ist, also dass deine gesamte Kerze zum Beispiel rot eingefärbt ist. Manche Kerzen sind nur mit einer farbigen Wachsschicht überzogen, doch ihr Inneres ist einfaches, weißes Wachs.

Normalerweise steht auf der Verpackung, ob eine Kerze nur farbig überzogen ist, manchmal findest du darüber auch keine direkte Information. Dann kannst du ein paar Tricks anwenden, um herauszufinden, worum es sich bei der Kerze handelt. Von unten kann es sein, dass du den weißen Kern der Kerze sehen kannst. Ein weiteres Erkennungsmerkmal findet sich oben am Docht und der Kante zur Unterseite. Wenn dort die Kanten der Kerze weich, also abgerundet sind und das Wachs nicht perfekt mit dem Docht abschließt, ist die Wahrscheinlichkeit hoch, dass es sich um eine überzogene Kerze handelt.

✦ **Duft:** Wenn du möchtest, kannst du eine Kerze mit Duft wählen. Achte dabei darauf, was der entsprechende Geruch nachahmen soll, damit er zu deinem Vorhaben passt. Eine Kerze, die nach Apfel riecht, könnte zum Beispiel für einen Erfolgszauber verwendet werden. Für einen Entspannungs-Zauber würden sich Lavendel, Kürbis oder andere weihnachtliche und herbstliche Düfte eignen. Auch Geruchskompositionen, die nicht direkt Aufschluss auf ihren Inhalt geben, können verwendet werden. Gerüche die Namen wie *frische Baumwolle, Diamanten* oder andere Namen sind nach persönlichem Empfinden ebenfalls verwendbar.

✦ **Brenndauer:** Die Brenndauer deiner Kerze entscheidest du anhand der Art deines geplanten Zaubers oder Rituals. Auch das Kerzenwachs spielt dabei eine Rolle, manche Wachssorten brennen schneller als andere. Für einen schnellen und kurzfristigen Zauber nimmst du am besten kleine Kerzen oder Teelichter, da sie nicht so viel Zeit benötigen, um abzubrennen. Achte auch beim Kauf von Teelichtern auf ihre Brenndauer, es gibt sie ab 2 h und bis zu sogar 24 h! Für Zauber, bei dem du einen längeren Zeitrahmen zur Verfügung hast, zum Beispiel einen ganzen Abend, kannst du eine Kerze mit 4–6 h Brenndauer verwenden. Das wären zum Beispiel kleinere bis größere Stabkerzen oder eine kleine Kerze im Glas. Handelt es sich um einen Langzeitzauber oder eine Kerze, die als Kommunikationsmittel zwischen dir und einer Entität dienen soll, wähle eine lange Brenndauer. Es gibt Kerzen, die ganze neun Tage brennen können. Am besten eignen sich dafür Stumpenkerzen oder Kerzen im Glas, sie bieten außerdem am meisten Platz für Schriften und Symbole.

TIPP

Es muss nicht immer alles perfekt sein! Auch Teelichter sind Kerzen, die brennen und deinen Zauber wirken lassen. Sie können ebenfalls schön hergerichtet werden, indem du zum Beispiel Kräuter und kleine Edelsteine in das Wachs legst oder ein magisches Symbol hineinritzt. Nur weil es keine Stabkerze oder eine besondere Kerze ist, ist dein Vorhaben nicht weniger wirkungsvoll. Sei kreativ, arbeite mit dem, was du hast, und spar dir so ein wenig Geld.

✦ **Wachsart:** Auch das Wachs spielt für die Brenndauer eine entscheidende Rolle. Kerzen aus Paraffinwachs brennen am schnellsten, wohingegen Bienenwachs- und Stearinwachskerzen am längsten halten. Soja- und Rapswachskerzen liegen mit ihrer Brenndauer dazwischen. Jedes Wachs bietet seine Vor- und Nachteile auf.

Die Entscheidung, welche Wachsart man nimmt, ist auch eine umweltethische Entscheidung, denn die Kerzen im Handel werden größtenteils aus Paraffin hergestellt. Das ist ein Nebenprodukt aus Erdöl und kann somit für den ein oder anderen ein Ausschlusskriterium darstellen. Glücklicherweise gibt es mittlerweile auch umweltschonende Alternativen. Ihre Vielfalt ist noch nicht so groß wie die der Paraffinkerzen, doch gerade im Internet findet man trotzdem bereits eine große Auswahl.

Räuchergefäße und Räuchermittel

An vielen Stellen habe ich bereits die Tätigkeit des Räucherns erwähnt. Räuchern ist für viele Hexen ein fester Bestandteil ihrer Arbeit. Aber warum? Wie geht das überhaupt und was braucht man dafür? Dies erfährst du hier.

Beim Räuchern werden ein oder mehrere Pflanzen erhitzt und somit ihre enthaltenen Stoffe freigesetzt. Dabei wird die magische Wirkung deiner Pflanzen ebenfalls aktiviert und entfaltet. Beim Verbrennen der Kräuter wird auch ihr Geruch freigegeben. Manche Pflanzen haben einen starken und auf die Sinne sehr kraftvolle Wirkung. Jasmin zum Beispiel ist eine Blume für Leidenschaft und Liebe, sie riecht außerdem sehr süßlich und schwer, was aphrodisierend auf den Körper wirkt. Sie würde sich also perfekt zum Räuchern eignen bei einem Abend mit dem Partner.

Es gibt verschiedene Möglichkeiten, die Energie und den Geruch von Pflanzen freizusetzen. Im Folgenden werde ich dir die verschiedenen Methoden vorstellen und ihre Vor- und Nachteile aufzählen.

Räucherkohle

Das Räuchern auf Kohle ist eine beliebte Methode für starke energetische Arbeit, da sie vom Geruch und der Rauchintensität dem Räuchern mit einem richtigen Feuer am nächsten kommt. Das gibt einem das Gefühl von alten Bräuchen und erweckt Bilder von rituellen Feuern, in die Kräuter hineingeworfen werden.

Beim Räuchern auf Kohle werden Kräuter oder Räuchermischungen direkt auf eine brennende Räucherkohle gegeben. Die Kohle ist extrem heiß, lege also schwer brennbare Materialien zuerst auf die Kohle und leicht entflammbare zuletzt – also als Erstes Hölzer, Rinden oder Beeren, anschließend Kräuter, Sträucher und Harze und erst am Ende Blüten und Knospen. Dadurch verhinderst du, dass zarte Stoffe zu schnell verbrennen. Für längere Rituale schichte ich die Kräuter gerne in dickeren Ebenen auf. So kann die Hitze schonender durch die einzelnen Bestandteile ziehen und der Rauch bleibt lange erhalten.

WICHTIGER SICHERHEITSHINWEIS!

Beim Räuchern kommt es mehr oder weniger stark zu einer Rauchentwicklung. Achte unbedingt auf die Sicherheit deiner Mitmenschen und Tiere. Stelle außerdem sicher, dass an dem Ort, an dem du räucherst, kein Feuermelder aus Versehen ausgelöst werden könnte. Räuchere nie bei geschlossenen Fenstern, achte immer auf einen genügenden Luftaustausch. Lasse eine offene Flamme niemals unbeaufsichtigt! Arbeite immer auf einem feuerfesten Untergrund und passe auf deine Finger auf.

Kohlen für spirituelle Arbeit sind keine Shisha-Kohlen, sondern sogenannte *selbstzündende Räucherkohlen*. Holzkohle wäre ebenfalls eine Option. Auch hier der Hinweis: Kohle wird extrem heiß! Eine Kohle ist wie ein kleiner brennender Ball, nur dass du nicht siehst, dass er brennt. **Fasse eine Kohle niemals mit den Fingern an, verwende stets eine Zange. Räuchere nur auf einem weitflächigen feuerfesten Untergrund, denn dein Gefäß kann umfallen oder die Kohle kann herunterfallen.** Dein Boden wird es dir danken. Lege deine Kohle immer in ein feuerfestes Gefäß, aber niemals direkt auf den Boden des Gefäßes. Dabei wird punktuell zu viel Hitze auf das Behältnis ausgeübt und die Gefahr ist hoch, dass es zerspringt. Fülle dein Gefäß immer mit einem feuerfesten Stoff, wie Sand, Erde oder kleinen Steinchen. Der Untergrund kann die Hitze der Kohle dann aufnehmen und verteilt sie gleichmäßig in dem Gefäß, sodass die Belastung nicht mehr so einseitig ist.

Siebgefäß (Stövchen)
Ein Siebgefäß, oft auch einfach Stövchen genannt, ist ein schöner Einstieg in das Räuchern von Kräutern. Hierbei werden Kräuter oder Räuchermischungen auf einem Sieb über einem Teelicht aufgehäuft. Durch den Abstand zur Flamme werden die Kräuter langsam erhitzt, wodurch ihre Inhaltsstoffe schonend freigesetzt und der reine Geruch der Pflanzen abgegeben wird. Achte auch hier darauf, wenn du kannst, weniger hitzeempfindliche Stoffe, wie zum Beispiel Harze oder Rinden, als Erstes auf das Gitter zu legen. Dadurch gelangt die Hitze nicht direkt an die empfindlicheren Stoffe wie zum Beispiel Blüten und die Hitze kann gut durch alle Bestandteile hindurchziehen.

Auch bei dieser Methode ist eine Flamme im Spiel, sei also sehr vorsichtig und stelle dein Stövchen auf einen feuerfesten Untergrund. Das Sieb wird ebenfalls sehr heiß, verwende deswegen beim Auflegen von Kräutern unbedingt eine Zange.

Viele Siebgefäße sind zu niedrig, wodurch die Kerze zu nah an den Kräutern brennt. Achte beim Kauf auf einen Mindestabstand von 8 cm zwischen

Sieb und Flamme. Nach dem Räuchern kannst du das Sieb deines Stövchens ganz einfach mit einer kleinen Metallbürste von den Rückständen reinigen.

Räucherstäbchen

Räucherstäbchen eignen sich hervorragend für den Einstieg ins Räuchern. Sie sind sehr kostengünstig und man kann sie ganz ohne zusätzliche Materialien verwenden. Wer möchte, kann sich eine hübsche Halterung für die Stäbchen kaufen, es gibt sie in allen möglichen Varianten von Schiffchenhaltern über Teller zu ganzen Boxen.

Theoretisch kannst du sie auch einfach in ein Schälchen mit Erde, Sand oder Salz stellen, das funktioniert genauso gut und bringt keine Extrakosten mit sich. Räucherstäbchen gibt es in unzähligen Duftvarianten, von reinen Kräutern, über den Geruch von Wesen wie Feen oder Engeln, bis hin zu Stäbchen mit besonderer Wirkung, wie positive Energie oder Chakrenaktivierung. Das Schwierigste ist wahrscheinlich, sich für ein Paar zu entscheiden!

Ein Nachteil bei Räucherstäbchen ist oft ihre Herkunft und Produktion. Sie werden überwiegend unter schlechten Bedingungen aus Entwicklungsländern importiert. Die genauen Inhaltsstoffe und Nachhaltigkeit sind meistens schwer oder gar nicht nachvollziehbar. Ein weiterer Punkt ist, dass sich der Geruch der Verpackung oft stark vom tatsächlichen Rauchgeruch unterscheidet.

Räucherbündel

Räucherbündel sind zusammengebundene und getrocknete Pflanzenbündel, die anschließend angezündet und verbrannt werden. Sie eignen sich durch ihre Größe und Handhabung besonders zur Hausreinigung. Sie können ganz einfach selbst hergestellt werden, was sie zu einer sehr günstigen Methode macht. Allerdings verbrennen bei dieser Methode die Pflanzen direkt, wodurch ein scharfer Brandgeruch und starker Rauch entstehen kann. Auch zerfällt das Bündel zu Asche, ähnlich einer Zigarette, nutze also unbedingt einen Teller oder Schale als Auffangbehälter beim Räuchern.

Im Englischen werden die Bündel *smudge sticks* genannt, was eigentlich nicht ganz korrekt ist. Es kommt von *smudging,* was ein Ritual amerikanischer Ureinwohner ist. Leider wurden der Begriff und auch die Vorgehensweise kommerzialisiert und verfremdet. Zu den Opfern dieser Kommerzialisierung gehört zum Beispiel auch der im Kapitel *Pflanzen und Kräuter* auf Seite 53 erwähnte Weiße Salbei.

RÄUCHERBÜNDEL HERSTELLEN

Räucherbündel können wie jedes andere magische Hilfsmittel fertig gekauft werden. Sie selbst herzustellen ist aber überhaupt nicht schwierig und deutlich günstiger, als sie zu kaufen. Außerdem kannst du dabei wirklich nur die Pflanzen verwenden, die du selber magst und deren Wirkung du benötigst.

Was du dafür brauchst:

- Schnur (Naturfaser wie zum Beispiel Kordel ist am besten geeignet. Nutze keine synthetischen Bänder, da diese beim Verbrennen giftige Stoffe freigeben können).
- Frische Pflanzenstängel, circa 5 bis 10 Stück, je nachdem wie dicht die Blätter sind und wie dick du dein Bündel haben möchtest.
- eine Schere zum Schneiden und Kürzen der Stängel und der Schnur.

Schritt 1: Schneide deine ausgewählten Pflanzenstängel in einer Länge von zehn bis zwanzig Zentimetern ab, je nachdem, wie lang dein Räucherbündel später sein soll. Achte dabei darauf, nicht zu viel von einer Pflanze zu nehmen. Nimm nur so viel, wie du brauchst, und lass genug übrig, dass die Pflanze danach weiterleben und wieder wachsen kann. Kürze eventuell die Stiele und schneide alles auf die gleiche Länge zu. Lege alle Stiele in die gleiche Richtung.

Schritt 2: Schneide dir ein Stück Schnur, das ca. dreimal so lang wie deine Pflanzenstiele ist, ab. Binde das eine Ende der Schnur nun mehrmals eng um den unteren Teil der Stiele. Lasse dabei ein paar Zentimeter des Endes überstehen, das benötigen wir später zum Verknoten mit dem anderen Ende.

Schritt 3: Wickele nun die Schnur in einer Spirale um die Pflanzen. Zieh dabei die Pflanzenteile etwas zusammen, aber nicht zu eng. Wenn du dein Bündel zu eng bindest, hat es später nicht genug Luft zwischen den Blättern, die Flamme wird dadurch erstickt und es brennt nicht. Wenn es zu locker gebunden ist, erreicht die Flamme nicht genügend andere Stängel, und das Bündel brennt ebenfalls nicht. Das genaue Mittelmaß zu finden, bedarf ein paar Versuche, auch meine ersten Räucherbündel haben nicht alle anständig gebrannt. Mach dir also keine Sorgen und probiere es einfach nochmal.

Wenn du mit deiner Spirale an der Spitze der Stängel angelangt bist, drehe in der Bewegung um und wickele die Schnur mit der gleichen Methode wieder nach unten. Dabei überkreuzen sich die Schnüre und bilden einen stabile Umgrenzung deiner Blätter. Am unteren Ende angelangt, wickele die Schnur noch ein paar Mal um die Basis und verknote dann das vorher vorbereitete Ende mit dem jetzigen Schnurende. Jetzt kannst du die Schnurenden entweder kürzen oder das Kräuterbündel daran zum Trocknen aufhängen. Den Knoten kannst du auch mit Kerzenwachs versiegeln, damit er sich nicht löst.

Schritt 4: Hänge dein Bündel zum Trocknen kopfüber an einen dunklen und trockenen Ort, der optimalerweise gelüftet werden kann. Die Trocknungszeit variiert von Pflanze zu Pflanze, überprüfe daher immer wieder die Blätter oder versuche, die Stiele probeweise anzuzünden. Achte unbedingt darauf, dass die Pflanzenstiele, die du verwendest, nicht feucht oder sogar nass sind! Sonst riskierst du, dass dein Bündel beim Trocknungsprozess anfängt zu schimmeln. Es wäre dann unbrauchbar und die Arbeit umsonst. Lüfte den Trocknungsraum regelmäßig, um entwichene Feuchtigkeit und Gerüche loszuwerden.

CLOSET-WITCH-TIPP

Wenn du keine Möglichkeit hast, Räucherwerk zu verbrennen, oder einfach nicht willst, dass jemand von deinen Praktiken „Wind bekommt", keine Sorge: es gibt noch andere Methoden, um die Energie von Pflanzen zu nutzen, ohne sie zu verbrennen und dabei Rauch zu erzeugen. Siehe dafür: *Arten von Zaubern und Ritualen*, S. 113 und *Arten der Reinigung*, S. 130.

Aromagefäße

Nicht immer ist Räuchern die richtige Wahl für dein Vorhaben. Wenn du Düfte lieber ohne Raucharoma nutzen möchtest oder du aus anderen Gründen nicht räuchern kannst oder willst, kannst du auf Aromaöle zurückgreifen. Auch hiervon gibt es eine riesige Auswahl an natürlichen und synthetischen Düften. Mit diesen Hilfsmitteln kannst du sie verwenden:

✦ **Diffuser:** Diffuser sind elektrische Geräte, in die Wasser gefüllt wird, welches dann erhitzt und verdampft wird. In das Wasser werden ätherische Öle gegeben, deren Duft beim Erhitzen freigegeben wird. Ätherische Öle sind ein hochkonzentrierter Auszug einer Pflanze oder einer Pflanzenkomposition. Sie sind in vielen Variationen und Düften erhältlich, von einzelnen Pflanzen bis hin zu Weihnachtsdüften oder konzentrationsfördernden Kompositionen. Durch ihren komplizierten Herstellungsprozess sind ätherische Öle leider sehr teuer, du brauchst aber auch nur immer wieder ein paar Tropfen, wodurch du schon eine ganze Weile von einem Fläschchen zehren kannst. Diffuser gibt es ebenfalls in vielen verschiedenen Formen und Größen, damit jeder einen passenden finden kann.

✦ **Duftlampen:** Duftlampen sind wie Stövchen nur für ätherische Öle. Dafür haben sie als Einsatz eine Schale statt eines Siebs. In die Schale werden Wasser und ätherische Öle gegeben, die dann von einer Flamme erhitzt werden. Durch die Hitze schmelzen die Öle und der Duft entweicht mit dem Wasserdampf in die Umgebung. Achte bei dieser Methode auf die Menge an Wasser in deiner Lampe und gib, wenn nötig, immer wieder Wasser nach. Wenn das Wasser vollständig verdampft ist, lösche unbedingt die Kerze, sonst kann deine Schale durch die punktuelle Erhitzung beschädigt werden.

In Duftlampen kannst du auch Duftwachs schmelzen. Das sind kleine Wachsstücke, die ebenfalls ätherische Öle enthalten, die beim Schmelzen freigegeben werden. Auch Duftlampen gibt es in verschiedensten Größen und Formen und bei ihnen musst du nicht, wie bei einem Stövchen mit Sieb, auf den Abstand zwischen Flamme und Schale achten. Es gibt auch sogenannte Kombi-Stövchen, die direkt mit Sieb oder Schale, als austauschbare Aufsätze, erhältlich sind.

Dein Arbeitsort – Der Altar

Der Altar ist für Hexen so wichtig wie der Herd für einen Koch oder die Maschine für einen Handwerker. Es ist der Ort, an dem die *Magie* geschieht. Dein Altar ist besonders wichtig für deine praktische Arbeit, denn die Energie an deinem Altar ist immer dieselbe. Um dich herum ist alles ständig in Bewegung, aber dein Altar ist wie ein Fels. Er ist dafür da, dir immer die gleichen Voraussetzungen für einen Zauber oder ein Ritual sicherzustellen. Das bringt besonders beständige Ergebnisse und sorgt für klare Resonanz, wenn etwas doch mal nicht klappt. Um das zu erreichen, musst du deinen Altar regelmäßig reinigen, physisch wie auch energetisch.

Für manche Hexen ist der Altar ein heiliger Ort, den sie niemand anderen überhaupt sehen lassen. Ich bin auch der Ansicht, dass es ein sehr mächtiger und persönlich wichtiger Ort ist. Dass ihn niemand zu Gesicht bekommen darf, finde ich etwas übertrieben, trotzdem bin auch ich der Meinung, dass kein anderer an deinem Altar arbeiten oder etwas verändern darf. Er ist dein Ort, dein Arbeitsplatz mit deinen Energien und deiner Intention.

Ein Altar kann auch mit einem bestimmten Ziel aufgebaut werden, zum Beispiel, für einen geliebten Menschen oder um mit einer Entität in Kontakt zu treten oder um sie zu würdigen. Das sind dann Altäre für spezielle Zwecke und nicht für deine alltägliche Arbeit.

HINWEIS

Eine praktizierende Hexe braucht nicht zwingend einen Altar. Du kannst auch ohne wirksam arbeiten. Viele Hexen empfinden ihn als sicheren Ort, auch als Rückzugsort vor fremden oder verständnislosen Blicken. Dein eigener Arbeitsort mit deinen Utensilien und deiner Dekoration ist etwas sehr Besonderes. Ob du einen Altar möchtest oder nicht, ist dir selbst überlassen, ich möchte dir aber empfehlen, es mindestens einmal auszuprobieren.

Deinen eigenen Altar errichten

Wenn du deinen ersten eigenen Altar errichten möchtest, gibt es einige Punkte, die du beachten und bedenken solltest. Im Folgenden habe ich dir ein paar Themen aufgeführt und meine Ideen und Hinweise dazu ergänzt.

Wichtig bei diesen ganzen Details ist es, nicht deinen eigenen Spaß zu verlieren. Wenn dein Altar keine Persönlichkeit von dir bekommt, wird er kaum wirksamer sein als ein einfacher Esstisch. Dein Altar sollte die Quelle deiner magischen Erfolge sein, ein Ort, an dem du dich wohlfühlst und der sich gut für dich anfühlt. Verliere das nicht aus den Augen. Ein paar Aspekte solltest du beim Errichten deines Altars beachten:

Der Ort

Grundsätzlich kann ein Altar überall dort entstehen, wo Platz ist. Ich weiß, dass sich viele Praktizierende in ihrer Umgebung oft nicht frei entfalten können und ihre Arbeit vor ihren Mitmenschen sogar verstecken müssen. Deswegen kann wirklich jeder Platz genutzt werden, der sich irgendwie ergibt. Wenn du die Möglichkeit hast, kannst du trotzdem versuchen, auf ein paar Punkte zu achten:

- Dein Altar sollte möglichst nah an einem Fenster sein. Dadurch kannst du ungehindert räuchern und nach Abschluss deiner Arbeit ordentlich durchlüften. Außerdem kannst du dich dadurch besser mit der Natur verbinden.
- Dein Altar sollte für Kinder und Haustiere unzugänglich sein. Diese wissen oft nicht genau, was sie vor sich haben, und ehe du dich versiehst, wurde deine Opfergabe an die Götter gegessen. Außerdem können manche Dinge für die beiden Unwissenden eventuell sehr gefährlich sein, da viele Stoffe giftig sind oder beim Verschlucken zu Erstickungsgefahr führen können.
- Du kannst deinen Altar nach einer bestimmten Himmelsrichtung auslegen. Im Elemente-Kapitel auf Seite 77 habe ich dir erklärt, wie welches Element wirkt. Richte dich nach dem aus, was du als Unterstützung nehmen möchtest.

Die Größe

Auch hier gilt die Prämisse: so viel, wie du aufbringen kannst. Ob in einer Schublade, in einem Schuhkarton oder ein ganzer Tisch mitten im Raum. Jeder Altar ist wirksam. Wähle das, womit du dich wohlfühlst. Wenn du zum Beispiel gerade erst startest, reicht dir vielleicht ein kleiner Platz auf deinem Nachttisch. Später erweiterst du den Bereich, vielleicht aber auch nicht. Es muss nicht immer alles groß und pompös sein.

Mein erster Altar war auf einem Hocker aufgebaut, mit einer kleinen Decke als Dekoration und zwei Teelichtern. Später baute ich einen niedrigen Holztisch, den ich bis heute noch für manche Zwecke verwende.

Für eine Reise bastelte ich mir einen kleinen Reisealtar (darüber erfährst du mehr im Laufe des Kapitels) und mittlerweile habe ich sogar zwei Altäre. Meinen Haupt-Altar auf einem Couchtisch, weil diese recht niedrig sind und ich bei meiner Arbeit gerne auf dem Boden sitze, und einen Altar für Entitäten auf einer Kommode. Den kann ich im Stehen und Vorbeigehen bedienen, für die tägliche Pflege der Beziehung zu den Wesenheiten.

TIPP

Suche dir für die Gestaltung deines Altars gerne Inspiration bei anderen Hexen. Gerade auf Social Media findet sich eine Vielzahl an Bildern und Ideen, aber lass dich nicht von der „Perfektion" der anderen erdrücken. Nur weil der Insta-Altar größer ist oder mehr Dekoration aufgestellt hat, heißt es nicht, dass dein Altar weniger wert oder weniger wirksam ist!

Die Utensilien

Über die verschiedenen Möglichkeiten des Zubehörs für deine Arbeit habe ich ja schon im vorherigen Kapitel gesprochen. Zu Beginn suchst dir am besten ein Tool aus, mit dem du beginnen möchtest. Überfordere dich nicht gleich mit fünf verschiedenen Methoden und Möglichkeiten. Es ist immer ratsam, mit einem Thema erst sicher zu werden, bevor du zum nächsten gehst. Oder du merkst gleich zu Beginn, dass etwas nichts für dich ist und kannst es direkt ausschließen.

Mein eigener Startpunkt waren Runen. Ich habe mich schon immer für die Symbole interessiert, auch schon lange bevor ich über ihre magische Wirkung Bescheid wusste. Daher lag es für mich nah, mit diesem Themengebiet anzufangen. Vielleicht hast du selber auch ein Interesse, das sich bereits mit Magie verbinden lässt und dir somit den Einstieg ein wenig leichter macht.

Die Dekoration

Für die Gestaltung deines Altars gibt es, wie du dir wahrscheinlich denken kannst, keine Vorschriften. Tob dich gerne aus und kreiere ein Umfeld ganz nach deinen Wünschen und Vorstellungen. Viele Hexen dekorieren ihren Altar einfach mit ihnen persönlich wichtigen Gegenständen und mit Dingen, die sie besonders gerne verwenden. Manche bleiben dabei sehr ordentlich und aufgeräumt, andere Altäre sehen dafür vielleicht chaotischer aus, mit vielen Objekten und Dekoration. Solange du dich zurechtfindest und damit glücklich bist, ist deiner genau richtig.

DEKORATIONSIDEEN FÜR DEINEN ALTAR

Falls du Inspiration möchtest, habe ich dir ein paar Ideen zusammengestellt, die dir vielleicht gefallen:

- Gestalte deinen Altar nach den Jahreszeiten. Das können Blumen und Pflanzen sein, aber auch die übliche Oster- oder Weihnachtsdekoration.
- Ordne deinen Altar nach den fünf Elementen an. Gib jedem Element ein Objekt, das es symbolisieren soll, und platziere dieses an der jeweiligen Himmelsrichtung des Elements.
- Dekoriere deinen Altar mit Funden aus der Natur. Tannenzapfen, Steine oder Federn finden sich oft bei Spaziergängen. Somit bringst du dir nicht nur einen Teil der Natur zu deinem Arbeitsplatz, sondern verbindest auch noch die Erinnerung an einen Ausflug mit der Dekoration.
- Gib einer Entität einen Platz auf deinem Altar, um mit ihr in Kontakt zu treten. Recherchiere dafür, was die Entität gerne mag, und bleibe beständig. Nicht immer bekommt man sofort eine Antwort. Auch lebende und verstorbene Personen können einen Platz bekommen, wenn du möchtest.

Reisealtar

Stell dir vor, du machst einen Ausflug oder gehst in den Urlaub. Du möchtest während dieser Zeit nicht auf deine magischen Helfer und Utensilien verzichten, kannst aber natürlich nicht deinen ganzen Altar mitschleppen. Dann ist es Zeit, dir einen Reisealtar zusammenzustellen. Das ist eine kleine Sammlung deiner magischen Gegenstände, um sie kompakt und einfach für unterwegs zu machen.

Ein Reisealtar besteht meistens aus einer kleinen Dose, einer Schachtel oder einer kleinen Box. Beliebt sind Dosen von Bonbons oder große Streichholzschachteln. Du kannst aber auch ein größeres Format wählen, wie zum Beispiel ein Schuhkarton oder ein Schmuckdöschen, je nachdem wie viel Platz du schaffen kannst. Das Behältnis sollte möglichst stabil sein, um seine Inhalte schützen zu können. Falls du nur unempfindliche Sachen mitführen willst, kannst du aber natürlich auch ein kleines Säckchen oder einen Beutel nehmen.

Mein persönlicher Reisealtar besteht aus einer verzierten Holzbox, die ich in einem Second-Hand-Laden gefunden habe. Sie ist verhältnismäßig groß, aber als kleinere Alternative habe ich noch eine Streichholzschachtel vorbereitet. Besonders praktisch finde ich daran, dass ich kleine Streichhölzer mitnehmen und daran direkt anzünden kann.

Der Inhalt deines Reisealtars sollte deine allerwichtigsten Gegenstände beinhalten. Zum Beispiel dein Lieblingsschutzkraut, abgefüllt in ein kleines Fläschchen oder in eine Tüte. Ein Talisman, ein Amulett oder dein Lieblingskristall; in deinen Reisealtar gehört alles, auf das du nicht verzichten kannst und was du während deiner Reise brauchen wirst.

Überlege dir vorher, wo dein Ausflug hingehen wird, wie viel Zeit und Privatsphäre du dort haben wirst und was du dort machen möchtest. Wenn du dich zum Beispiel schützen möchtest, aber mit mehreren Leuten in einem Zimmer wohnen wirst, eignen sich offensichtliche Tätigkeiten wie Räuchern oder das Verteilen von Kräutern und Salz eher weniger. Stattdessen kannst du auf unauffällige Methoden zurückgreifen wie ein Schutzsymbol, vorbereitet auf Papier, das du unter dein Kopfkissen legen kannst, oder ein Schutzstein als Schmuck.

Andere Orte bieten sich auch wunderbar für Rituale an. Gerade in der Natur ist es etwas ganz Besonderes, die Energie einer anderen Flora und Fauna spüren zu können. Solche Rituale sollten dann weniger auf dich und deine eigenen Ziele fokussiert sein, sondern einfach den Moment wertschätzen und die Umgebung ehren. Du kannst zum Beispiel der Natur ein Stück Gebäck darbringen oder einfach an einem sicheren Ort meditieren und die fremden Energien um dich wahrnehmen.

Kapitel 3

ZAUBER UND RITUALE

Bevor du endlich loszaubern kannst

sollten wir noch einige Begriffe klären, ich verspreche dir aber, dass du schon in diesem Kapitel etwas Praxiserfahrung sammeln kannst. Das Grundwissen zu den verschiedenen Bestandteilen der Hexerei hast du dir bis zur dieser Stelle im Buch nun angeeignet und bist jetzt bereit, das Gelernte anzuwenden. In diesem Kapitel dieses Buches wirst du das Wissen aus den vorherigen Seiten zusammenführen. Hier wirst du die gelernten Themen wiederfinden und erfahren, wie du sie kombinieren kannst. Du lernst unter anderem, Talismane herzustellen und Zaubersäckchen zu schnüren, die dir als kraftvolle Begleiter im Alltag und für bestimmte Ziele dienen können. Na, schon gespannt?

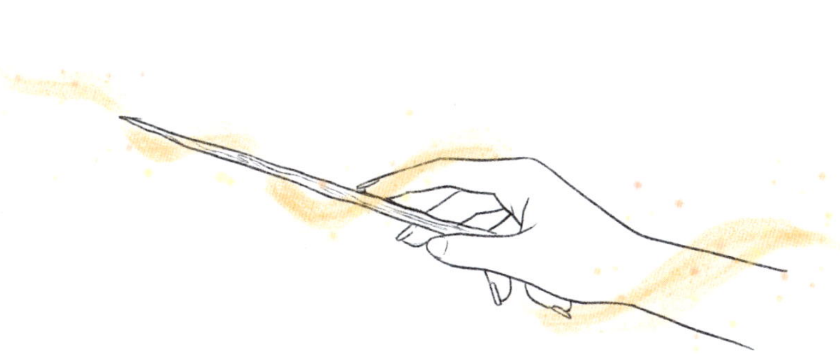

Zauber und Rituale – Der Unterschied

Im gesamten Buch verwende ich häufig die Worte *Zauber* und *Rituale*. Dabei verwende ich meistens absichtlich beide Begriffe. Aber warum eigentlich? Sind sie nicht irgendwie gleich?

Zauber und Rituale besitzen keine allgemein anerkannte Definition und die Meinungen über ihre Bedeutung unterscheiden sich oftmals sehr. Daher möchte ich auch hier nochmals anmerken, dass die folgende Definition *meine eigene Meinung* ist. Sie kann teilweise oder sogar komplett von der eines Anderen abweichen.

Für mich ist ein Zauber etwas Schnelles und Einfaches. Es ist die gezielte Aktivierung einer Intention durch einen Spruch oder ein Symbol. Zur Durchführung bedarf es keiner großen Vorbereitung. Zauber sind reproduzierbar, indem du immer wieder die gleichen Worte, Zutaten oder Zeichen anwendest. Dadurch wird seine Wirkung verstärkt und/oder erneuert.

Ein Ritual ist etwas deutlich Zeitaufwändigeres. Du reinigst dich, du bereitest alles vor, du ziehst eventuell besondere Kleidung an. Noch bevor die eigentliche magische Handlung begonnen hat, lässt du bereits viel Energie in dein Vorhaben fließen.

Ein Ritual ist wie die Zelebrierung deines Vorhabens, eine Feierlichkeit, fast schon etwas Heiliges.

Ein Ritual kann einen Zauber enthalten, muss es aber nicht. Ein Selbstliebe-Bad ist zum Beispiel ein Ritual. Du bereitest alles schön vor, nimmst dir Zeit und stellst einen Badezusatz her. Ohne anderes zu tun, wirkt sich das Ritual auf dich aus. Du könntest aber auch einen Zauber in das Ritual einbauen, indem du einen Spruch sprichst oder ein magisches Symbol auf die Haut malst, das sich im Wasser löst. Ein Kerzenzauber wirkt durch Symbole und Zeichen, die du in die Kerze ritzt. Zu einem Ritual wird es, wenn du dir Zeit nimmst, die Kerze zu salben, und mehr Energiequellen verwendest. Die Kerze an sich ist dabei aber immer noch alleinig ein Zauber, nur dein Handeln wurde zu einem Ritual.

Arten von Zaubern und Ritualen

Du siehst also: Zauber und Ritual gehen oft Hand in Hand oder werden schnell miteinander kombiniert. Die meisten Zauber und Rituale haben einen gleichbleibenden Grundablauf. Kerzenzauber, zum Beispiel, funktionieren immer auf Grundlage einer Kerze, die während einer Zeremonie angezündet wird. Die Wirkung oder die Aufmachung der Kerze kann dabei völlig unterschiedlich sein, aber der Ablauf ist immer derselbe. Lass uns einige bekannte Methoden und Abläufe genauer anschauen:

Talisman-Zauber

Ein Talisman ist ein Gegenstand, dem du eine Aufgabe gibst. Er kann zum Beispiel dein Haus beschützen, die Freundschaft zwischen zwei Menschen stärken oder dein Selbstvertrauen unterstützen. Talismane wirken passiv und verändern mit ihrer Existenz keine Gegebenheiten. Um einem Talisman seine Wirkung zu geben, wird in den meisten Fällen ein Spruch aufgesagt oder ein magisches Symbol, das einen Satz beinhaltet, aufgemalt. Beides kann auch in Kombination stattfinden; der Satz wird dann in ein Symbol umgewandelt.

DEIN PERSÖNLICHER SCHUTZTALISMAN

Die Herstellung eines Talismans ist nicht schwierig und durch die eigene Arbeit weißt du genau, welche Gedanken und Kräfte darin stecken.
Überlege dir vorher den Zweck deines Talismans. Wovor soll er schützen? Wo soll er wirken? Wenn du ihn am Körper tragen willst, könnte z.B. ein kleines Gläschen geeignet sein. Wähle dann die Bestandteile deines Talismans nach den Wirkungen von Kräutern und Kristallen. Sei aber auch kreativ – Soll er etwas abwehren, könntest du z. B. etwas Spitzes oder Zackiges verwenden. Fällt dir da etwas ein? Eine Kastanienhülle vielleicht?
Überlege dir genau dein Ziel und wähle Materialien, die für dich stimmig sind. Dein Talisman wird wirksam sein, wenn deine eigene Energie und Absicht stark sind, auch wenn die Inhaltsstoffe nicht perfekt sind. Weitere Anleitungen für Talismane findest du übrigens auf S. 159 und 160/161.

Alles, was für dich Bedeutung hat, kann von dir zu einem Talisman gemacht werden. Von einem Kuscheltier, über einen Kettenanhänger, bis hin zu einem Bild. Alles, dem du einen Wert gibst, kann als Talisman genutzt werden. Es kommt auf deine innere Verbindung mit dem Objekt an. Besonders stark sind Talismane, die du selbst herstellst. Dabei kannst du deiner Kreativität freien Lauf lassen, denn je persönlicher, desto besser.

Wenn du einen Talisman selber herstellen möchtest, arbeitest du deine Intention, also die Aufgabe, die dein Talisman später haben soll, schon in den Herstellungsprozess mit ein. Dadurch wird er sehr stark und verbindet sich mit dir und deiner Kraft. Anders als zum Beispiel bei gekauften Talismanen, weißt du oft nicht den genauen Grund, den die Person dem Talisman gegeben hat und kannst diesen auch nicht nachverfolgen. Solche magisch wirkenden Objekte würde ich niemals von Unbekannten und nicht vertrauenswürdigen Personen kaufen, auch nicht als Geschenk!

Durch die intensive Beschäftigung, die du in die Herstellung deines Talismans steckst, aktivierst du bereits eine ganze Menge Energie. Diese fließt bei der Arbeit von alleine in deinen Talisman und macht ihn dadurch sehr stark. Trotzdem kann auch ein schon vorhandenes Objekt, wie ein Bild oder eine Kette, einen genauso guten Effekt erzeugen. Es ist immer davon abhängig, was du erreichen willst. Wenn du, als Beispiel, einen Talisman herstellen möchtest, um dich mit einer Person in Verbindung zu bringen, ist es sinnvoll, ein Objekt zu wählen, das der Person viel bedeutet. Das könnte ein Geschenk von ihr sein oder ein geliebtes Schmuckstück. Wenn du aber einen Hausschutz-

VON HAAREN UND FINGERNÄGELN

Ein Talisman ist etwas Persönliches, dessen Wirksamkeit durch die Verbundenheit zu den Gegenständen verstärkt wird. Wenn du einen Talisman oder Zauber für dich oder jemand anderen durchführen willst, sind Teile des Körpers der Person ideal. Damit sind Hautschuppen, Haare und Finger- oder Fußnägel gemeint, da diese ständig nachwachsen und deine Körperenergie tragen, was eine perfekte magische Verbindung schafft. Für manche mag das eklig klingen, aber es ist eine verbreitete Praktik in der Hexerei. Auch Körperflüssigkeiten gehören dazu. Informiere dich, wenn du mehr wissen willst.

Talisman erschaffen möchtest, nimm vielleicht ein Bild oder ein Stückchen Putz von der Wand, denn dieser steht in direkter Verbindung mit dem Haus. Es ist sinnvoll, diese Stoffe mit anderen wirkenden Gegenständen, wie z. B. Kräutern, zu verstärken und sie somit größer und kraftvoller zu machen.

Kerzenzauber

Kerzenzauber sind eine der einfachsten Formen, einen wirksamen Zauber durchzuführen. Sie können als Langzeitzauber oder, zum Beispiel in akuten Fällen, auch kurzzeitig durchgeführt werden. Durch ihre unglaubliche Flexibilität kannst du fast jede Wirkung mit ihnen erzielen.

In Kerzenzaubern können wir alles zusammenführen, was wir bis jetzt gelernt haben: Farbenmagie, Kräuterwirkung, Edelsteine, Sigillen und Runen.

Bei einem Kerzenzauber wird eine Kerze mit einer Intention belegt. Das geschieht zum Beispiel durch Einritzen eines magischen Symbols in das Wachs oder das Verteilen von Kräutern und Edelsteinen um die Kerzen herum. Du kannst sogar eine komplett neue Kerze speziell für dein Vorhaben herstellen, das ist allerdings sehr aufwändig und bringt Materialkosten mit sich. Daher konzentriere ich mich auf das, was du aus handelsüblichen Kerzen machen kannst, und sage dir, was du beim Kauf beachten solltest.

WICHTIG!
Alle normalen Zauber (keine Langzeitzauber oder Kommunikation mit Entitäten) wirken erst, wenn die Kerze vollständig abgebrannt ist. Eine Unterbrechung des Herunterbrennens sollte möglichst vermieden werden, vor allem wenn Zeichen oder Text in die Kerze geritzt wurden. Ein Stopp vermindert die Wirkung enorm und kann zu Misserfolg des Vorhabens führen.

Kerzen salben

Für zusätzliche Energie in deinem Vorhaben kannst du deine Kerze salben. Das ist eine unkomplizierte Methode, die jeder durchführen kann.

Zum Salben von Kerzen eignet sich eine Mischung aus neutralem und ätherischem Öl besonders gut. Ätherisches Öl allein haftet nicht gut und kann in reiner Form reizend auf die Lungen wirken. Die Kombination erlaubt es dir, ein ätherisches Öl mit der passenden Wirkung zu wählen. Beispielsweise kannst du für eine Freundschaftskerze Rosenöl verwenden oder für einen Konzentrations-Zauber Pfefferminzöl. Achte darauf, dass die Duftkomposition zu deiner Intention passt.

Kerzen können auch mit handelsüblichem Pflanzenöl aus der Küche gesalbt werden. Obwohl du dabei nicht die zusätzliche Pflanzenwirkung der ätherischen Öle hast, kannst du trotzdem durch die Art des Auftragens die gewünschte Wirkung einarbeiten. Meiner Erfahrung nach klebt Olivenöl nicht besonders gut, während Raps- und Sonnenblumenöl besser funktionieren.

Willst du eine Kerze salben, entscheide zuerst, ob sie Symbole oder Text tragen soll. Falls ja, ritze diese mit einer Bleistiftspitze, einer Nadel oder einem anderen spitzen Gegenstand in die Kerze hinein. Achte beim Text auf die Ausrichtung, je nachdem, was deine Absichten sind. Wenn du etwas anziehen möchtest, schreibe vom Kerzen-Anfang, dem Docht, zum Ende. Somit werden die Buchstaben nacheinander von der Flamme verbrannt, als ob du das Wort aussprechen würdest. Zum Beispiel: GLÜCK. Das G steht am Docht und wird als Erstes erfasst, das K am Ende zuletzt. Andersherum, wenn du etwas entfernen möchtest. Dadurch wird der Text von hinten her von den Flammen *aufgefressen* und das Wort rückwärts aufgelöst. Der nächste Schritt ist das wirkliche Salben. Das Wort kommt übrigens von „der Salbe“. Wenn etwas mit Salbe eingerieben wird, kann man es auch eingesalbt nennen, daher der Begriff „salben“. Beim Kerzensalben reibst du deine Kerze nicht mit einer Salbe, sondern mit Öl ein.

Während du das machst, konzentrierst du dich auf die gewünschte Wirkung, die die Kerze haben soll. So arbeitest du dein Ziel in die Kerze ein. Dieser Vorgang ist ein Ritual, die Herstellung für einen Zauber (die Kerze), und du solltest ihn sehr bewusst durchführen.

Die Richtung, in der du das Öl aufträgst, ist genauso wie beim Text wichtig zu beachten. Das dient dazu, die Wirkung deines Vorhabens zu setzen und zu verstärken. Um etwas anzuziehen, streichst du das Öl vom Docht bis zum Ende. Du ziehst etwas von der Spitze her an dich heran. Umgekehrt vom Ende zum Docht nach oben, entfernst du etwas. Du streichst etwas aus und schiebst es von dir weg.

Vertiefe dein Verständnis dafür mit den folgenden Beispielen:

- Zwei Menschen streiten sich → entfernen, du möchtest die Spannung zwischen zwei Menschen auflösen.
- Einschlafschwierigkeiten → einbringen, du möchtest Ruhe und Entspannung erfahren, um besser einschlafen zu können.
- Albträume → entfernen, du möchtest deine negativen Träume loswerden.
- Neue Wohnung/ Job etc. finden → einbringen, du möchtest Glück und Erfolg für dein Vorhaben zu dir ziehen.

Wenn du dein Öl aufgetragen hast, besteht noch die Möglichkeit, deine Kerze mit Kräutern zu umhüllen. Die nun leicht klebrige Kerze bildet dafür einen guten Untergrund. Am besten funktioniert das, wenn du die Kräuter vorher klein machst, dann kleben die kleinen Teilchen besser am Öl. Dazu eignet sich ein Mörser mit Stößel sehr gut, denn damit bekommst du selbst Rinde und Wurzeln klein. Auch musst du Blüten und größere Knospen zerkleinern, sie sind sonst zu schwer, um am Öl kleben zu bleiben.

Versuche alles so klein wie möglich zu bekommen, bis du ein Kräuterpulver hast. Die Auswahl der Pflanzen, die du verwendest, triffst du anhand deiner Intention. Zum Anbringen rolle deine Kerze einfach im Kräuterstaub oder drücke die Stückchen selber vorsichtig an. Nachdem die Kerze gesalbt ist, kann sie entweder sofort angezündet oder für spätere Verwendung aufbewahrt werden. Zur Aufbewahrung wickle die Kerze am besten in ein Tuch oder Papier ein. Damit verhinderst du, dass sich eventuell gelöste Teile im Raum verteilen. Bewahre die Kerze an einem dunklen und kühlen Ort auf, damit das Öl und das Wachs sich nicht eventuell erwärmen und deine Kerze dadurch Schaden nimmt.

HINWEIS: ÖL UND FEUER

Eine gesalbte Kerze bringt eine erhöhte Brandgefahr mit sich! Durch die hinzugefügten Stoffe vergrößert sich die Flamme und das Wachs brennt deutlich schneller ab. Beobachte die Flamme mit erhöhter Wachsamkeit und sorge für eine feuerfeste Umgebung.

Zaubersäckchen & Hexenfläschchen

Diese zwei Methoden wirken beide passiv und eignen sich zum Beispiel besonders gut für Schutzzauber, Unterstützung einer Freundschaft oder Beziehung oder zur positiven Verbesserung deiner Gefühle. Die Herstellung gilt genauso wie bei Kerzenzaubern als eine Art Ritual und sollte sehr bewusst durchgeführt werden. Das Endprodukt ist dann ein passiv wirkender Zauber, der so lange wirkt, bis du das Gefäß wieder öffnest und entleerst.

Zaubersäckchen

Zaubersäckchen, Hexensäckchen oder auch englisch *spell bag* genannt sind Säckchen, in denen ein Zauber liegt. Es sind meistens kleine Beutel, gefüllt mit magisch wirkenden Gegenständen. Oftmals werden dabei Kräuter, Edelsteine oder auf Papier geschriebene Zaubersprüche verwendet.

TIPP

Ich persönlich verwende Hexensäckchen auch sehr gerne in meinem Kleiderschrank. Dadurch riecht nicht nur meine Wäsche angenehm nach Kräutern, sondern sie ist auch mit positiver Energie aufgeladen. Achte bei langem Hautkontakt unbedingt auf eventuelle Unverträglichkeiten, die bei dir zu Irritation, Ausschlag oder sogar schlimmen allergischen Reaktionen führen können. Reibe dafür testweise ein wenig der verschiedenen Kräuter an der Innenseite deines Arms und warte, ob sich eine Reaktion zeigt.

Für die Herstellung musst du dir natürlich zuerst dein gewünschtes Ziel erarbeiten und genauestens definieren. Dann kannst du dir passende Pflanzen, Edelsteine oder andere passende Objekte aussuchen. Federn, Glöckchen, ein persönlicher Gegenstand oder andere Materialien können in deinem Zaubersäckchen Platz finden. Wenn du alles beisammen hast, befüllst du damit deinen Beutel. Besonders wirksam wird dein Hexensäckchen, wenn du deine Intention noch auf Papier schreibst oder daraus ein magisches Symbol machst. Das kannst du ebenfalls in deinen Beutel legen.

Wenn dein Säckchen fertig befüllt ist, verschließt du es entweder mit einem Band, das sich bereits an deinem Beutel befindet, oder du verwendest ein eigenes Band (du kannst auch beides verwenden). Ein eigenes Band oder eine Schnur haben den Vorteil, dass du den Stoff und die Farbe passend zu deinem Zauber wählen kannst. Ein rotes Seiden- oder Geschenkband würde zum Beispiel gut zu einem Liebeszauber passen. Für einen Schutzzauber würde sich eine einfache Kordel oder ein anderes starkes, eventuell schwarzes, Band eignen.

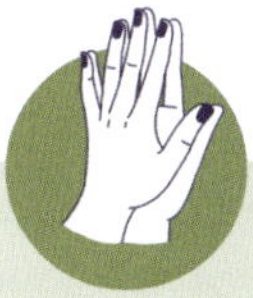

ZAUBERBEUTELCHEN

Wenn du mal keine Beutel zur Hand hast, kannst du ganz einfach selbst ein Säckchen herstellen. Dafür brauchst du nur ein Stück Stoff und eine Schnur. Die Farbe des Stoffes und der Schnur (Geschenkband oder ein Stoffband sind ebenfalls möglich) kannst du in einer passenden Farbe zu deinem Vorhaben wählen. Somit unterstützt du den Zauber zusätzlich noch mit Farbenmagie. Auch Muster im Stoff können deinen Zauber positiv unterstützen.

Schneide das Stück Stoff nach Möglichkeit in eine quadratische Form. Lege es flach vor dich und platziere alle Gegenstände, die in dein Säckchen sollen, in der Mitte. Nimm nun zwei gegenüberliegende Seiten und klappe sie nach oben. Nimm dann auch die anderen zwei Ecken und ziehe alle vier nach oben. Wickele nun die Schnur um die Zipfel. Achte dabei darauf, dass du die Schnur tief genug setzt, um alle Kanten des Stoffes einzufassen. Fertig ist das Säckchen für deinen Zauber!

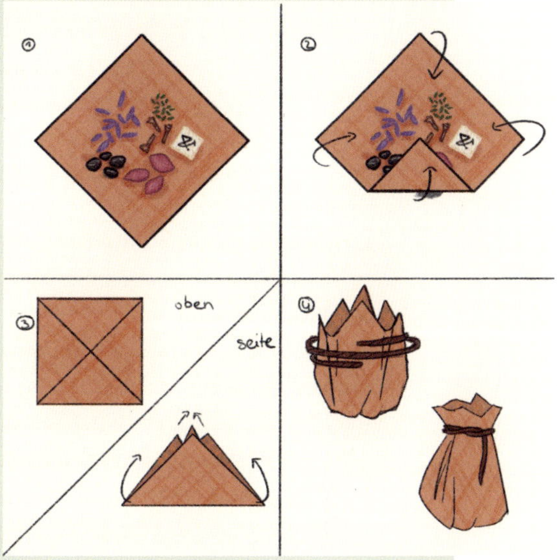

Hexenfläschchen

Hexenfläschchen, Hexenflasche oder englisch *witches brew* oder *spell jar* genannt funktionieren genauso wie Zaubersäckchen, nur dass ihr Gefäß ein verschlossenes Glas ist. Meiner Meinung nach sind sie sicherer und in den meisten Fällen praktischer. Außerdem kann jedes Glas mit Deckel zu einem Hexenfläschchen umfunktioniert werden. Wenn du also dein Altglas sammelst, hast du bereits eine kostenlose Ressource an Gefäßen.

Der Herstellungsprozess einer Hexenflasche ist identisch mit dem Befüllen eines Säckchens. Du wählst dein gewünschtes Ziel, suchst dir dazu passende magisch wirkende Bestandteile und füllst alles in das Glas. Der Unterschied ist nun, dass das Glas am Ende noch versiegelt wird. Dafür nimmst du eine brennende Kerze und lässt das flüssige Wachs über den Verschluss des Glases tropfen. Du kannst auch spezielles Siegelwachs verwenden, allerdings ist das teurer und schwerer zu bekommen. Sei dabei sehr vorsichtig, um dich nicht selbst mit heißem Wachs zu treffen. Außerdem solltest du unbedingt etwas unter das Glas legen, eine Pappe, ein Backpapier oder auch doppelt gefaltetes Papier, um deinen Untergrund vor Wachstropfen zu schützen.

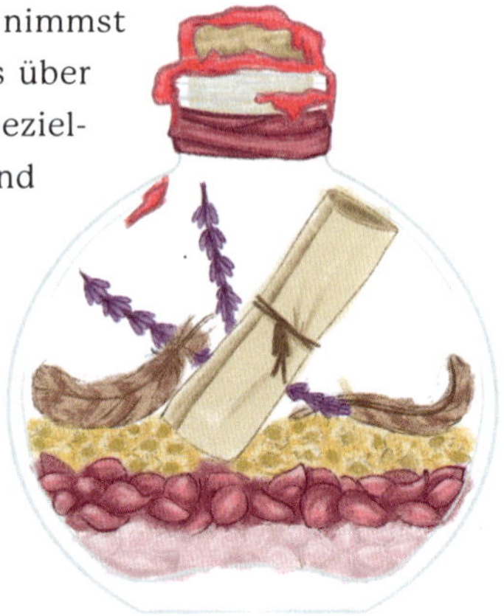

Wenn das Wachs vollständig ausgehärtet ist, ist dein Zauber besiegelt. Das Glas kann nicht mehr geöffnet werden, ohne dass dabei das Siegel zerstört werden würde. Auch ist der Verschluss damit luftdicht abgesichert, weshalb du zum Beispiel auch Flüssigkeiten in deinem Hexenfläschchen verwenden könntest. Die Stoffe werden länger haltbar und es kann nichts aus Versehen aus dem Glas fallen.

Um deinem Zauber noch zusätzliche Stärke zu geben, kannst du in das ausgekühlte Wachs noch ein magisches Symbol ritzen. Wenn du während des Herstellungsprozesses deines Zaubers eine Räuchermischung oder ein Räucherstäbchen hast brennen lassen, kannst du nun die Asche davon in das Symbol reiben. Dadurch wird es nicht nur besser sichtbar, sondern der gesamte Akt des Rituals kommt am Ende an einem Punkt wirksam zusammen.

Ob du dich bei einen Zauber für ein Zaubersäckchen oder ein Hexenfläschchen entscheidest, bleibt dir überlassen. Beide Varianten haben ihre Vor- und Nachteile und sind für unterschiedliche Situationen besser geeignet.

Knotenmagie

Bei Knotenmagie wird Magie in Knoten gebunden. Die Prozedur des Bindens eines Knotens ist hierbei das Ritual. Knoten wirken ähnlich wie ein Talisman als Speicherpunkt einer Energie und durch die Verknotung ist der Zauber gesichert.

Womit werden Geschenke verpackt? Mit einer Schleife, was auch ein Knoten ist. Der Mensch, der ein Geschenk verpackt, freut sich darauf, es seinem Empfänger zu übergeben. Er hat sich Gedanken gemacht und etwas ausgewählt, was ihm hoffentlich Freude macht. Diese Energie, diese guten Absichten und die positiven Gefühle fließen alle in den Prozess des Verpackens ein. Zum Schluss wird alles mit einem Knoten, einer Schleife, verschlossen und die positive Energie ist gespeichert.

Genauso funktionieren Knotenzauber. Natürlich brauchst du nicht jedes Mal ein Geschenk, aber der Kern ist der gleiche. Beim Binden eines Knotens legst du deinen Wunsch in jede Bewegung und überträgst so deine Energie. Wenn der Knoten festgezogen wird, ist der Wunsch gespeichert. Knoten wirken ähnlich wie ein Talisman als Speicherpunkt einer Energie und durch die Verknotung ist der Zauber gesichert. Der Zauber wirkt dann, bis der Knoten wieder gelöst wird.

HINWEIS

Bei Cord-Cutting-Ritualen besteht eine deutlich erhöhte Brandgefahr. Achte auf einen ausreichend feuerfesten Untergrund, wie zum Beispiel Stein oder Metall, und lasse die Flammen niemals aus den Augen.

Cord Cutting

Das mit der Knotenmagie verwandte *Cord Cutting (engl. Schnur zerschneiden)* ist ein Ritual, um zwei Energien voneinander zu trennen (wird z. B. bei unerwünschten Kontakten oder Beziehungen durchgeführt). Du kannst sie aber auch nutzen, um dich von Gefühlen, Gewohnheiten oder Denkmustern zu trennen. Dafür wird eine Schnur zwischen zwei Kerzen gespannt oder gewickelt und anschließend werden die Kerzen heruntergebrannt. Die Kerzen symbolisieren die zwei Objekte, die sich voneinander lösen sollen.

Zusätzlich zum Akt der Trennung kann ein Cord-Cutting-Ritual auch als eine Art Divination und Reflexion gesehen werden. Die Art und Weise, wie die Kerzen brennen und wie die Schnur sich verhält, kann gedeutet und interpretiert werden. Je nachdem wie das Ritual verläuft, kannst du erfahren, wie stark die jeweiligen Seiten sind oder was für verborgene Absichten sie haben.

Innerhalb der Hexen-Community herrscht Uneinigkeit, ob man ein Cord-Cutting-Ritual auch zur Divination verwenden kann. Es wird argumentiert, dass das Interpretieren Unentschlossenheit und Zweifel am Erfolg erkennen lässt. Ich persönlich finde es sehr spannend, das Verhalten der zwei Seiten zu beobachten. Meiner Meinung nach hat die Deutung des Ablaufs nichts mit den Erfolgschancen zu tun.

Kapitel 4

PRAXIS

Na endlich kommen wir zur Praxis!

Und schon wieder viel Text, bevor es wirklich losgeht. Ich weiß, es war ein langer Weg dahin, aber glaub mir, es hat sich gelohnt. Du hast nun ein tiefes Verständnis für all die Dinge, die ich nun im Folgenden nochmals ansprechen werde. Warum verwende ich Rosmarin zur Reinigung? Was ist ein Hexenfläschchen? Wie funktioniert Räuchern? Was bewirke ich da eigentlich? All das kennst du nun und weißt sofort, wieso oder wie etwas funktioniert.

Viel zu oft begegnen mir Anfänger oder sogar auch länger Praktizierende, die die absoluten Grundlagen nicht verstanden haben. Den Kern des Ganzen, das Warum. Es hilft dir nicht, wenn du einfach nur den Anweisungen einer Anleitung folgst, ohne zu verstehen, was sie genau bewirkt. Ja, ein Schutz-Talisman schützt dich am Ende des Tages, aber warum verwendest du die angegebenen Inhaltsstoffe? Was bewirken sie? Das tiefe Verständnis für diese Zusammenhänge wird es dir ermöglichen, immer mehr zu lernen, zu beobachten, zu schlussfolgern und mit diesem Wissen später deine eigenen Zauber und Rituale zu erschaffen.

Die wichtigsten Praktiken einer Hexe

Jetzt, da du bereits alle theoretischen Grundlagen kennst, werde ich dir die wichtigsten Fähigkeiten einer Hexe erklären. Es sind Praktiken, die für jede einzelne von uns extrem wichtig sind und die jeder durchführt, egal wie aktiv er oder sie sonst magisch arbeitet. Diese drei Praktiken sind wie goldene Regeln, ohne sie wirst du nicht zum Erfolg kommen. Ich spreche von Reinigung, Schutz und Bannung. Mit diesen Praktiken kann sich eine Hexe ihr ganzes Leben lang beschäftigen und sie meistern. Sie alleine sind solch große Themen, um mit ihnen den Beginn deiner Arbeit zu füllen und dir praktische Übung zu vermitteln.

Aber warum sind diese drei Praktiken so wichtig? Ich gehe noch detailliert auf jede der Praktiken ein, aber um dir ihre Wichtigkeit verständlich zu machen, werde ich sie kurz zusammenfassen. Es ist trotzdem wichtig, dass du dir die genauen Beschreibungen anschließend durchliest, um genau zu verstehen, was sie bedeuten und bewirken.

- Reinigung: energetische Neutralisierung von Energien
- Schutz: energetischer Schutz vor anderen Energien
- Bannung: energetische Trennung und Abwehr von ungewollten Energien

In der Hexerei arbeiten wir mit vielen verschiedenen Energien. Die von Pflanzen, unsere eigene, die von Freunden oder Fremden sowie von allerhand Objekten und Gegenständen. Wir können sie teilen, verbinden oder vollständig voneinander trennen. Um diese Arbeit durchführen zu können, benötigen wir selbst eine starke und unantastbare eigene Energie. Das zu erreichen erfordert ein wenig Übung, aber vor allem Arbeit.

Lass mich dir das anhand eines Beispiels verbildlichen. Ein Sportler muss sich richtig ernähren und regelmäßig Sport treiben, um in Form zu kommen. Einmal bei seiner Traumleistung angelangt, kann er aber nicht einfach aufhören und sich zurücklehnen. Wenn er seine Muskeln und Ausdauer beibehalten will, muss er auch weiterhin immer wieder trainieren und sich ordentlich ernähren.

Aber was hat Sport und Muskelaufbau jetzt mit Magie zu tun? Grundsätzlich überhaupt nichts, aber es ist ein schönes Beispiel, um dir die langfristige Wichtigkeit der drei Praktiken Reinigung, Schutz und Bannung zu zeigen.

Die energetische Reinigung sorgt für eine neutrale Umgebung, bereinigt alle negativen Gedanken und Energien. Sie macht den Kopf frei und hilft dir

zum Beispiel, die Motivation zu finden, ins Fitnessstudio zu gehen. Der energetische Schutz baut eine Mauer um dich auf und schützt dich vor schlechten Einflüssen und negativen Energien, zum Beispiel abwertenden Blicken oder negativen Gedanken über dich selbst.

Die Bannung kommt zum Einsatz, wenn doch mal etwas Schlechtes durch deinen Schutz gesickert ist. Dann verwendest du sie, um diese ungewollte Energie im hohen Bogen wieder rauszuwerfen! Bannung wird auch verwendet, wenn dich jemand aktiv angreift. Es schützt dich natürlich nicht vor physischen Auseinandersetzungen, wie zum Beispiel einem Faustkampf, aber der Bann könnte den Absender von gehässigen Kommentaren unter deinen Social-Media-Bildern abschütteln.

Du solltest also wie beim Sport am besten immer dranbleiben und eine Routine beibehalten, um wirklich sicher zu sein. Das ist bestimmt nicht immer leicht und äußere Faktoren wie Familie, Freunde oder Ereignisse können diese Regelmäßigkeit stören. Wichtig ist, dass du immer wieder dahin zurückkommst und es nicht dauerhaft vergisst.

Diese drei Praktiken halten dein energetisches Gleichgewicht aufrecht. Sie sorgen dafür, dass du sicher und entspannt durch dein alltägliches Leben kommst, und helfen dir bei auftretenden Problemen.

Reinigung – energetische Sauberkeit

Ich habe bereits mehrfach den Begriff energetische Reinigung verwendet, und genau darum geht es hierbei. Eine energetische Reinigung, auch englisch *cleansing* genannt, dient dazu, alle ungewollte Energie zu entfernen. Dabei wird deine neutrale Energieebene hergestellt, in der du dann sorgenfrei denken und arbeiten kannst.

Sie sorgt dafür, dass du und deine Umgebung von Fremden, alten und/oder eventuell negativen Energien bereinigt werden. Das ermöglicht dir eine klare Atmosphäre und somit einen ruhigen Geist. Wenn fremde Energien an dir hängen, zehrt das an deiner eigenen Energie und kann zu Kraftlosigkeit, Unwohlsein, Müdigkeit oder anderen Erschöpfungserscheinungen führen.

Du hältst dich sauber, indem du dich wäschst, deine Zähne putzt und deine Haare kämmst. Du hältst dein Zuhause sauber, indem du putzt, Staub entfernst und Müll wegräumst. Auch die Energie, die dich umgibt, muss sauber gehalten werden. Das machst du mit der energetischen Haus-, Wohnungs- oder Zimmerreinigung, je nachdem, wo du lebst.

Eine Energie überträgt sich und so ist das auch mit der Energie in einem Raum. Wenn du zum Beispiel einen Streit hattest, hängt negative und schlechte Energie in der Luft. Auch an dir klebt ein Teil davon. Vielleicht hast du schon mal erlebt, dass du in einem Raum kamst und sofort gemerkt hast, dass dort keine gute Stimmung herrscht. Man sagt auch *dicke Luft* oder *es hängt etwas in der Luft*. Ohne es zu sehen, nimmst du sofort wahr, dass etwas nicht stimmt, und fühlst dich eventuell unwohl. Eine energetische Reinigung kann solche Zustände beseitigen.

Auch an dir selbst kannst du ungewollte Energien lösen. Das nennt sich dann Selbstreinigung. Die Selbstreinigung wird zum Beipiel dann angewendet, wenn du traurig bist, wenn du einen schlechten Tag hattest oder wenn dir einfach viel zu viel durch den Kopf schwirrt, sodass du nicht klar denken kannst.

Auch Personen und ihre Stimmungen können Energien verändern. Wütende Personen strahlen diese Energie stark aus, genauso wie traurige oder unmotivierte Menschen. Sie kann sich auf die Mitmenschen und sogar die Umgebung übertragen. Natürlich kannst du schlecht andere Menschen zu einer Selbstreinigung bewegen, aber du kannst dich selbst um deine eigene Energie kümmern, damit dich diese Energien nicht beeinflussen und damit du andere nicht negativ mit deiner Energie beeinflusst.

Im Nachfolgenden werde ich genauer auf Selbst- und Hausreinigung eingehen und dir anschließend Methoden und Hilfsmittel vorstellen, die du zur energetischen Reinigung verwenden kannst.

Selbstreinigung

Die Reinigung deiner eigenen Energie wird als Selbstreinigung bezeichnet. Bei diesem Vorgang wird deine eigene Energie von allem Ungewollten und Negativen gesäubert. Dein eigenes Ich, dein Energiekern, wird dabei natürlich nicht verändert. Bei der Reinigung geht es um die Energie um dich herum beziehungsweise um die Energien, die an dir haften. Von anderen Menschen, von Emotionen oder Geschehnissen. Diese Energien können sich anstauen und zu viel werden. Dann fühlst du dich eventuell erschöpft, überfordert oder nicht mehr Herr deiner eigenen Gedanken.

Da deine eigene Energie in der Hexerei dein Kernwerkzeug für dein magisches Arbeiten darstellt, ist es besonders wichtig, dass du dich regelmäßig von allem Negativem bereinigst.

Wann sollte ich mich selbst reinigen?

Stündlich, täglich, wöchentlich, monatlich, einmal im Jahr. Grundsätzlich ist das ganz dir überlassen und wie du dich fühlst. Manche sagen, einmal pro Woche reiche, andere machen es gar nicht. Hier heißt es wieder auf dein eigenes Empfinden zu hören und zu erspüren, wann es nötig ist. Du bist nicht automatisch eine schlechte Hexe, weil du dich vielleicht nur einmal im Monat energetisch reinigst.

Lass mich dir aber ein paar Tipps an die Hand geben, die dir den Beginn damit ein wenig erleichtern. Um kennenzulernen, wie sich eine Reinigung und vor allem deine eigene neutralisierte Energie anfühlen, empfehle ich dir, anfangs regelmäßige Reinigungen durchzuführen. Dadurch bekommst du ein Gefühl für deinen gereinigten Zustand und wirst leichter erspüren können, wann es Zeit wird, eine neue energetische Reinigung durchzuführen.

Dann gibt es noch spezielle Ereignisse, nach denen du dich reinigen kannst. Ich persönlich zum Beispiel reinige mich immer nach einem Streit, und wenn dieser in meinen eigenen vier Wänden stattgefunden hat, auch meine Wohnung. Jedes Ereignis, was dich negativ beeinflusst, kann ein Grund für eine Reinigung sein. So fühlst du dich vielleicht unwohl in der Schule oder auf der Arbeit, ein Kollege oder Mitschüler war heute nicht nett zu dir und hat ein schlechtes Gefühl in dir hinterlassen. Das wäre ein guter Zeitpunkt für eine Reinigung.

Vielleicht sagst du nun, dass du dich jeden Tag unwohl fühlst und immer mit negativer Stimmung nach Hause kommst und du dich ja dann täglich reinigen müsstest.

GRÜNDE FÜR EINE SELBSTREINIGUNG

- Du warst den Gefühlsexplosionen anderer ausgesetzt und deren Stimmung haftet nun noch an dir.
- Du hast etwas erlebt, was ein Unwohlsein in dir hinterlassen hat, auch, nachdem du die Situation verlassen hast.
- Du fühlst dich ohne speziellen Grund emotional verwirrt oder sogar emotionslos, was nicht typisch für dich ist.
- Dir steht ein Ereignis bevor, das dich nervös macht, z. B. eine Prüfung, ein Familientreffen oder ein Vorstellungsgespräch.

Das mag am Anfang vielleicht stimmen, aber ich werde dir in den folgenden Kapiteln Tipps und Hilfsmittel an die Hand geben, wie du es gar nicht erst so weit kommen lassen musst und diese Negativität einfach abblocken kannst, also zerbrich dir darüber nicht den Kopf.

Hausreinigung

Wie eben schon erwähnt, kannst du auch dein Zimmer oder dein Haus energetisch reinigen. Das machst du aus ähnlichen Gründen wie eine Selbstreinigung, aber auch für deine magische Arbeit. Deine Umgebung beeinflusst deine Hexerei wirklich maßgeblich. Es kommt nicht darauf an, wie viel Platz du hast oder ob dein Altar groß genug ist. Wenn die Energie stimmt, kannst du alles schaffen!

Jedes Objekt beherbergt Energien in sich, auch die Luft kann verschiedene Botschaften tragen. Sie ist nicht umsonst ein eigenständiges Element. Denke nur daran, wie wohlig sich dein Zuhause anfühlt, wenn darin zum Beispiel Menschen sind, die dich glücklich machen. Wenn ihr zusammen ein Fest feiert, gemeinsam lacht und strahlt. Auch am Morgen danach wird diese Energie noch vorhanden sein.

Das Gleiche gibt es aber natürlich auch umgekehrt im Negativen. Eine Hausreinigung dient dazu, eine neutrale Ebene zu schaffen, in der du arbeiten und denken kannst. Sie ist genauso wichtig wie die Selbstreinigung.

Wann reinige ich meine Wohnung?

Auch hier verhält es sich ähnlich wie bei der Selbstreinigung. Es gibt kein genaues Maß, keine Richtlinien, an die du dich halten musst, aber es ist zum Beispiel empfehlenswert, deine Umgebung vor jeder stärkeren magischen Arbeit zu reinigen. Also vor Ritualen und Zaubern, die mehr Aufwand und Energie benötigen. Für die Herstellung eines Hexenfläschchens würde ich keine Hausreinigung durchführen, aber für ein Vollmondritual auf jeden Fall.

Energetische Reinigung beim Umzug

Wenn du in eine neue Wohnung ziehst, empfehle ich dir immer als Allererstes eine energetische Reinigung –bevor die Wände gestrichen werden oder du die ersten Möbel einräumst! Am besten sofort nachdem du die Schlüssel übergeben bekommst.

Auch für solch eine Reinigung kann ich dir leider keine feste Anweisung geben. Du musst erspüren, welche alten Emotionen und Gefühle sich in deinen neuen Wänden befinden. Gerade bei Mietwohnungen in Mehrfamilienhäusern kann das manchmal sehr schwierig festzustellen sein, denn diese Wände haben häufig schon viele Schicksale miterlebt.

Ich bin eine Hexe, die unglaublich stark auf ihre Intuition, also ihr eigenes Gespür hört. In meiner ersten eigenen Wohnung räucherte ich mit Salbei und Rosmarin. Beides sehr starke Kräuter, da sich die Wohnung im dritten Stock, eingequetscht zwischen vielen Mehrfamilienhäusern befand. Es war eine schöne Wohnung und ich fühlte mich wohl, aber ich spürte auch alle Energien der Menschen um mich herum. Vom Haus nebenan, neben mir, über mir. Auch für jede weitere Reinigung dieser Wohnung verwendete ich starke Pflanzen, da es mir schwerfiel, meine eigene Energie abzugrenzen.

In meiner momentanen Wohnung war das anders. Es ist ein kleines Einfamilienhaus, mit nur einem Vorbesitzer und viel Platz. Als ich nach der Schlüsselübergabe durch die Räume ging, spürte ich keine Regung. Es fühlte sich fast ein wenig klinisch sauber an, aber nicht unangenehm. Ich beschloss nur einen Segen über das Haus zu sprechen und beließ es dabei.

GRÜNDE FÜR EINE HAUSREINIGUNG

- Nach einem Streit
- Nachdem fremde Menschen bei dir waren, z. B. Handwerker
- Wenn du dich selbst unwohl fühlst
- Nachdem du aufgeräumt hast
- Bevor Besuch kommt

So ist jede Lebens- und Wohnsituation verschieden und benötigt andere Mittel und Wege, um ans Ziel zu kommen. Hör auf deine Intuition und lass dich von ihr leiten!

Arten der Reinigung

Die nachfolgenden Methoden sind die gängigsten und bekanntesten Arten und Weisen, um eine Reinigung durchzuführen. Du kannst alle Varianten für sowohl Selbst- als auch Hausreinigungen verwenden.

Da es in diesem Buch nicht um strenge Regeln geht, möchte ich dich bitten, auch hier wieder zu erspüren, welche Methode dir am besten zusagt, oder sogar deine eigene Methode zu entwickeln.

Das Ziel einer Reinigung ist es, dass du dich wieder wohl fühlst, und wie du das am besten erreichst, weißt du selbst natürlich am besten. Wenn zum Beispiel deine Selbstreinigung also darin besteht, dich hübsch zu machen, etwas zu backen oder dir vorzustellen, wie kleine Elfen Energie von dir zupfen, dann ist das genauso richtig wie alle anderen Methoden, die es gibt. Hab Spaß am Testen und finde deine eigene Lieblingsmethode.

Rauchreinigung

Die Reinigung durch Rauch ist wohl die am weitesten verbreitete Methode der Reinigung. Dabei wird Rauch von zum Beispiel Räucherwerk, Räucherstäbchen oder einem Kräuterbündel verwendet, um negative oder alte Energien zu lösen und sozusagen *auszuräuchern*.

Um einen Raum mit Rauch energetisch zu reinigen, musst du natürlich zuerst eine passende Räucherung auswählen. Hierbei bieten sich an:

- Räuchermischungen speziell für Hausreinigung.
- Reine Kräuter als Räucherwerk oder im Kräuterbündel, wie Rosmarin, Salbei (kein weißer Salbei!), Zimt, Wacholderblätter oder Holz, Kiefernnadeln oder Harz, Lavendel oder Petersilie.
- Räucherstäbchen mit eben genannten reinen Düften oder ebenfalls Duftkompositionen die für Reinigung geeignet sind wie zum Beispiel *Aura cleansing* (Aura Reinigung) oder *purification* (Reinigung).

Wenn du mehrere Räume räuchern möchtest, machst du das nacheinander. Schließe zuerst einen Raum ab, bevor du zum nächsten gehst. Wenn du ein Kräuterbündel

oder ein Räucherstäbchen verwenden möchtest, kannst du damit durch den Raum gehen, um ihn zu reinigen. Nimm dir am besten eine kleine Schale oder einen Teller dazu und halte ihn unter das brennende Räucherwerk, falls Asche herunterfällt.

Zünde das Räucherwerk an und geh dann damit gegen den Uhrzeigersinn durch deinen Raum. Gegen den Uhrzeigersinn entfernt, mit dem Uhrzeigersinn zieht an. Wir wollen in unserem Fall der Hausreinigung gerne etwas entfernen.

Dreh mehrere Runden durch deinen Raum und achte dabei darauf, mit dem Rauch in jede Ecke und alle versteckten Winkel zu gelangen. Du kannst auch einen Fächer, eine Feder oder einfach deine Hand verwenden, um den Rauch besser verteilen zu können. Während du läufst, kannst du einen Spruch oder ein Mantra sagen oder das Element Luft bitten, dir bei der Reinigung zu helfen. Stell dir vor, wie der Rauch alle Energie löst, die nicht gut für dich ist. Sieh zu, wie er in alle dunklen Ecken, hinter und unter Möbel zieht und dabei entfernt, was schon alt und unnütz ist.

Wenn du das Gefühl hast, dass keine festsitzende Energie mehr entfernt werden muss, öffne die Fenster des Raumes und lüfte gründlich. Dieser Schritt ist sehr wichtig! Nicht nur, um den Rauch aus der Luft zu bekommen, sondern weil dadurch die gerade gelöste negative Energie aus deinem Zimmer kann. Wenn du nicht nach einer Räucherung lüftest, bleibt die gelöste Energie in deinem Raum hängen, setzt sich nach einer Weile wieder und du hast nichts erreicht. Das Gleiche gilt übrigens auch für Zauber und Rituale, du musst der Energie einen Weg nach draußen geben, damit sie wirken kann.

IM UHRZEIGERSINN ODER ENTGEGEN?

Warum gehst du bei der Reinigung gegen den Uhrzeigersinn durch deinen Raum? Warum nicht andersherum? Dass du etwas gegen oder mit dem Uhrzeigersinn durchführen sollst, wird dir noch mehrfach in der Hexerei und auch in diesem Buch begegnen. Viele Hexen arbeiten nach der folgenden Definition:

- **Mit dem Uhrzeigersinn ziehst du etwas an:**
  Einen Liebeszauber würdest du zum Beispiel mit dem Uhrzeigersinn durchführen, da du Liebe, beziehungsweise Gefühle, anziehen möchtest.
- **Gegen den Uhrzeigersinn entfernst du etwas:**
  Zum Beispiel reinigst du gegen den Uhrzeigersinn, um negative Energie zu entfernen.

Diese Methode wird von vielen Hexen verwendet, da die Bewegung im Einklang mit dem Leben angesehen wird. Die Begründung hierfür ist, dass sich die Sonne, die für viele das Leben und den Fluss der Welt symbolisiert, von Osten nach Westen bewegt, also mit dem Uhrzeigersinn.
Es gibt aber auch Praktizierende, die es genau andersherum machen. Eine gute Freundin von mir nutzt die Bewegungen ebenfalls umgekehrt. Ihre Begründung dafür lautet:
„Mit dem Uhrzeigersinn bedeutet für mich den Verlauf der Zeit. Wenn ich einen Schutzkreis ziehen oder andere magische Dinge vollführen will, bewege ich mich gegen den Uhrzeigersinn, um die Zeit anzuhalten. Für mich fühlt es sich so an, als würde ich damit den Mantel der Zeit öffnen und mich in die tiefen Gefilde des Energie-Universums begeben, um dort mein Ziel zu übergeben. Wenn ich mit meiner Arbeit fertig bin, schließe ich alles wieder mit dem Uhrzeigersinn und stelle somit den Lauf der Sonne wieder her."

Erspüre selbst, welche Richtung sich für dich richtig anfühlt, und entscheide, wie du deine eigene Praxis durchführen möchtest.

Klang-Reinigung

Die Reinigung durch Klang eignet sich hervorragend für alle, die Haustiere oder Kinder haben, dabei kein schädlicher Rauch zurückbleibt. Außerdem ist sie extrem einfach, da der Schall dich und deine Umgebung ganz ohne weitere Hilfsmittel reinigt. Durch Klang reinigen, kannst du zum Beispiel mit:

- Klangschalen
- Musik (z. B. in Form von einem Instrument oder Lautsprecher)
- Eine oder mehrere Glocken
- Gesang
- Klang- und Windspiele

Um mit Klang zu reinigen, nimmst du das Objekt deiner Wahl und gehst damit auch wieder gegen den Uhrzeigersinn durch deinen Raum. Wenn du mit einer Klangschale reinigen möchtest, bietet es sich an, diese auf den Boden in der Mitte des Raumes zu platzieren, dadurch werden ihre Schwingungen noch besser übertragen. Ein Windspiel eignet sich auch im Fenster, damit die Energie, die beim Lüften hineinkommt, direkt durch den seichten Klang gereinigt wird.

Um dich selbst durch Klang zu reinigen, musst du dich einfach nur mit den Tönen umgeben. Spüre sie und nimm sie in dich auf. Die eigene Stimme eignet sich dafür besonders gut, weil du diese zusätzlich auch in dir spüren kannst. Aber auch Musik aus deinen Kopfhörern kann dich reinigen. Hauptsache du entspannst dich und kannst störende Energien loslassen. Probiere es einfach mal aus, gib dich dem Klang hin und spüre, wie du dich danach fühlst!

Wasserreinigung

Diese Methode eignet sich perfekt für jeden Alltag. Die Reinigung durch Wasser ist einfach und trotzdem unglaublich kreativ und vielseitig. In so vielen Situationen kommt man mit Wasser in Berührung und jede davon kannst du als Moment der Reinigung nutzen.

Die erste Idee, die dir dabei wahrscheinlich kommt, ist Händewaschen oder Duschen. Richtig! Wasser ist ein eigenständiges energetisches Element, mit dem kommuniziert und gearbeitet werden kann. Wenn du deine Hände wäschst, dann reinige deine Hände nicht nur vom physischen Dreck, sondern bitte das Element Wasser zusätzlich auch, negative Energien von dir abzustreifen.

Wir fassen in unserem Tagesablauf so unglaublich viele Dinge an, auch viele, die von anderen Menschen berührt werden. Abgesehen von den offensichtlichen Verschmutzungen, die damit aufgenommen werden, wird auch die Energie weitergegeben. Aber auch Aktionen wie ein Händeschütteln vor einem wichtigen Gespräch können bereits Auskunft über die Energie des anderen geben. Unsere Hände sind sehr wichtige und oft empfindliche Sensoren für das energetische Treiben um uns herum, deswegen ist es ratsam, sich regelmäßig um sie zu kümmern. Indem du deine Hände energetisch reinigst, entlädst du sozusagen die angesammelte Energie und gibst ihnen wieder Platz für neue.

Nach dem Händewaschen ist die nächstgrößere Reinigung das Duschen. Beim Duschen ist dein gesamter Körper von Wasser umgeben, und auch hier kannst du das Element erneut bitten, fremde und ungewollte Energien von dir zu nehmen. Das kannst du auch mit einem Gebet oder einem Mantra verbinden, das du aufsagt oder sogar singst.

Beim Duschen sowie beim Baden bietet sich zusätzlich ein Zusatz in Form von Kräutern oder Edelsteinen an. Wähle dafür Steine und Pflanzen, die für Reinigung geeignet sind, zum Beispiel Amethyst, Lavendel, Lorbeerblätter oder frischer Salbei. Beim Baden kannst du die getrockneten oder frischen Blätter direkt in das Wasser geben, sowie Edelsteine, die wasserfest sind und keine Giftstoffe abgeben. Ansonsten platziere sie um dich herum in sicherem Abstand von möglichen Wasserspritzern.

In der Dusche ist das etwas schwieriger, aber auch machbar. Nimm dir dafür einfach ein Säckchen, am besten aus Baumwolle, und gib deine gewünschten Inhalte hinein. Anschließend hängst du das Säckchen so unter deinen Duschkopf, dass während des Duschens das Wasser erst durch das Säckchen hindurch und dann auf dich läuft. Somit hast du ebenfalls ihre Energien um dich herum und kannst sie nutzen.

Wasser kann aber nicht nur zur körperlichen, sondern auch zur materiellen Reinigung verwendet werden. Eine meiner Lieblingsmethoden ist es, Putzwasser mit Pflanzen und ätherischen Ölen zu versetzen. Zum Beispiel gebe ich in mein Wasser zum Fensterputzen ein paar Tropfen Pfefferminz- und Lavendelöl. Das hält Spinnen fern und reinigt energetisch.

Wenn du Türrahmen oder andere Objekte mit solchem Wasser reinigst, achte darauf, dass keine Kleinkinder oder Haustiere die Rückstände ablecken können.

Auch zur Wäsche kannst du frische Pflanzen oder einen Pflanzensud hinzufügen. Ein Sud ist eine Flüssigkeit, in der Pflanzen gekocht wurden, die ihre Inhaltsstoffe an das Wasser abgegeben haben. Diesen Sud kannst du zur Wäsche geben, um den Geruch und die Wirkung der Pflanzen zu übertragen. Frische Pflanzen wie Orangenscheiben, Rosmarin oder Thymian kannst du in einen Baumwollbeutel legen und zwischen die Wäsche packen.

Materielle Reinigung

Erinnerst du dich daran, dass jedes Objekt Energie in sich trägt? Das bedeutet, viele Dinge bringen viele Energien mit sich. Auch die Energie deiner Einrichtung kann dich negativ beeinflussen. Unaufgeräumte oder herumliegende Gegenstände haben einen energetischen Einfluss auf die Umgebung und somit auch auf dich. Staub und Dreck verunreinigen die Energien in deinem Zuhause und stören die Harmonie. Halte deine Umgebung so sauber wie möglich. Ich weiß aus eigener Erfahrung, dass das schwierig sein kann. Viele Faktoren wie ein stressiger Job, Kinder oder Krankheiten können daran hindern, sich um sich selbst oder das Zuhause zu kümmern. Setze dir realistische Ziele und arbeite in kleinen Schritten. Und wenn du es nicht schaffst, ist das in Ordnung. Bitte um Hilfe und gib dir selbst Zeit. Nicht alles muss perfekt sein.

REINIGENDES WASSERELEMENT

Wie soll man denn bitte das Wasser bitten, einen zu reinigen? Ganz einfach, rede mit ihm. Sprich es direkt an. Es ist da, direkt vor dir. Es wird dir selbstverständlich nicht antworten, aber vielleicht kannst du seine Antwort fühlen. Ich persönlich verwende die Worte *„Ich bitte dich, lass all die negative Energie von mir fließen. Nimm alles mit, das mir nicht nützt oder schadet. Ich danke dir"*.

Verwende gerne diese Worte oder denk dir einen eigenen Satz aus. Ich entschied mich bewusst für die Formulierung *das mir nicht nützt*. So schließe ich Energien aus, die eventuell zwar nicht gerade liebevoll, aber trotzdem wichtig und nützlich sind. Vielleicht sind sie da, damit ich noch etwas aus ihnen lerne.

Reinigung durch Symbole und Edelsteine

Ich habe bereits für beide dieser Methoden ein eigenes Kapitel geschrieben und darin erwähnt, dass sie sich zur Reinigung eignen. Hier nehme ich sie zusammen in einen Abschnitt, dass es beides passiv wirkende Varianten sind. Edelsteine müssen ausschließlich platziert werden und wirken dann ganz von alleine. Symbole müssen aufgemalt, verbrannt oder gezeichnet werden.

Eigenenergetische Reinigung

Reinigung kann auch komplett nur durch deine eigene magische Kraft durchgeführt werden. Dabei wird visualisiert und manifestiert, wie negative Energie gelöst und entfernt wird. Diese Methode ist sehr schwierig, da du in der Lage sein musst, Energien sehr sensibel um dich herum wahrnehmen zu können. Zusätzlich muss deine eigene Kraft stark genug sein, um die anderen Energien loszuwerden. Das sind beides Voraussetzungen, die in den meisten Fällen nur erfahrene Hexen vorweisen.

Es besteht die Gefahr, dass die negativen Energien auf dich überschwappen oder dich übermannen, wenn du selbst nicht stark genug bist. Das ist kein schönes Gefühl und es ist schwer, solche Energien wieder loszuwerden. Deswegen empfehle ich diese Form der Reinigung nicht für Anfänger. Es ist aber trotzdem eine verbreitete Methode, weshalb ich sie mit in das Kapitel aufnehmen wollte.

Pflege und schütze deine Energie wie einen wertvollen Schatz. Sei dir selbst am wertvollsten, deine eigene Energie steht an allererster Stelle.

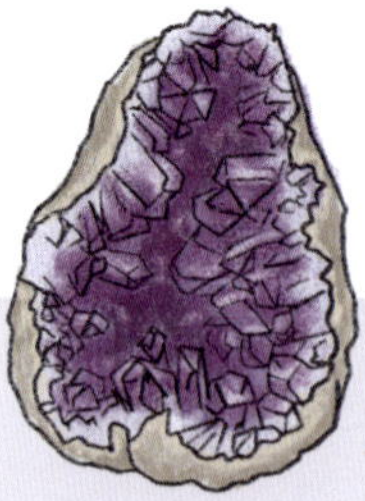

BRINGE DEIN LEBEN INS REINE

Das Entfernen von Negativem meine ich übrigens nicht nur im energetischen Sinne. Toxische Freunde, eine unglückliche Beziehung, ein nicht zufriedenstellender Job, das sind ebenfalls alles Dinge, die deine Energie beeinflussen.

Schutz – magische Sicherheit

Energetischer Selbstschutz ist ein wichtiger Aspekt des persönlichen Wohlbefindens und der spirituellen Entwicklung. Dein Schutz kann eine große Hilfe sein, nicht nur in der aktiven Arbeit, sondern auch im Alltag. Er ist wie ein Schutzschild, der dich vor allen möglichen negativen Auswirkungen bewahren kann.

Ein energetischer Schutz wird aufgestellt, nachdem alles gereinigt wurde! Das bewirkt, dass der bei der Reinigung erreichte neutrale Zustand beibehalten und gleichzeitig geschützt wird, vor dem erneuten Eindringen ungewollter Energien. **Es ist sehr wichtig, dass du als Erstes reinigst und dann schützt.** Sonst stellst du mit deinem Schutz eine wirksame Schutzwand um dich herum auf und schließt damit alle innen liegenden Energien ein. Eine Reinigung würde dann nichts bewirken, da die gelösten Energien nicht durch den Schutz entweichen könnten.

Für energetischen Schutz unterscheiden wir ebenfalls wieder zwischen Selbst- und Hausschutz. Selbstschutz dient der eigenen Sicherheit, vor allem beschützt er deinen Geist und deine Emotionen. In unserer modernen Welt sind wir ständig von verschiedenen Energiequellen umgeben. Menschen, Orte, Ereignisse und sogar unsere eigenen Gedanken haben eine energetische Wirkung auf uns. Manchmal können diese Energien positiv und unterstützend sein, aber oft sind sie auch negativ und belastend. Selbstschutz im Alltag bewahrt dich vor extremen Auswirkungen anderer Energien und hilft dir, deine eigene Kraft zu stabilisieren. Hausschutz dient, ähnlich der Hausreinigung, deiner wohnlichen Umgebung. Er wird aufgestellt, um Fremdes und Negatives draußen zu halten. Gleichzeitig bewahrt er aber auch die Energie im Inneren und stellt sicher, dass Positives bleibt und beschützt wird.

In diesem Kapitel werden wir auch über den Schutz während deiner magischen Arbeit sprechen. Ein gründlich aufgestellter Schutz ist dabei **unverzichtbar.** Ohne ihn gehst du bei deiner magischen Arbeit eine wirkliche Gefahr ein. Damit will ich dir keine Angst machen, viel mehr dir bewusst machen, wie wichtig guter Schutz ist. Im Nachfolgenden werde ich dir erklären, warum unzureichender Schutz riskant ist und was du tun kannst, um einen guten Schutz um dich herum aufzubauen.

Selbstschutz

Fangen wir wieder zuerst mit dem eigenen Schutz an. Gerade wenn du erst mit der Hexerei beginnst, ist deine eigene mentale Schutzmauer noch nicht besonders standhaft, ganz im Gegenteil.

EIN BLICK IN DEIN TIEFSTES INNERES

Energetischer Selbstschutz hängt auch zu großen Teilen mit dem Bewusstsein für deine eigene Persönlichkeit zusammen. Sich selbst und seine Stärken und Schwächen zu kennen, bereitet dir einen großen Vorteil gegenüber anderen Energien. Welche Themen belasten dich? Was macht dich wütend? Was macht dich freudig und aufgeregt? Wenn du weißt, wie deine eigenen Gedanken, Emotionen und Handlungen ausfallen werden, kannst du diese besser kontrollieren und somit das Ergebnis beeinflussen.
Ich persönlich kämpfe schon seit Jahren mit mentalen Problemen. Sie blockieren mich immer wieder und machen es mir schwer, klar zu handeln und Herr meiner eigenen Sinne zu bleiben. Falls du auch solche Schwierigkeiten feststellst, schau in das Kapitel Schattenarbeit, S. 46 und hole dir Hilfe.

In dem Moment, indem du dich für die Magie öffnest, wirst du viel empfindlicher und sensibler für alle Energien um dich herum. Wer durchs Leben geht, ohne jemals zu wissen, was um einen herum geschieht, wird es nicht sehen können. Aber du weißt jetzt, dass überall Energien sind, weshalb du automatisch dafür bewusster wirst.

Durch dieses Wissen öffnest du dich für die Wahrnehmung um dich herum. Das ist einerseits sehr hilfreich, da du dadurch Dinge erkennen und lernen wirst, die du vorher nicht bemerkt hast. Andererseits bietest du auch allen anderen Energien mehr Einlass. Solchen, die dich negativ beeinflussen oder dir sogar schaden können. Keine Sorge, du machst damit nichts falsch, das ist ganz normal und du kannst auch etwas dagegen machen. Nämlich dich selbst energetisch schützen.

Wie schützt du dich selbst?

Dein persönlicher energetischer Selbstschutz besteht aus zwei Teilen. Deinem mentalen Schild und den Hilfsmitteln, wie Edelsteinen oder Talismanen. Deine mentale Abwehr wird, wie du gerade gelesen hast, anfangs wahrscheinlich etwas schwächer sein, weshalb du dich zuerst auf nützliche Objekte und andere Methoden konzentrieren solltest. Das heißt nicht, dass du dein mentales Schild vernachlässigen solltest, keineswegs, aber mit den Hilfsmitteln sorgt du erstmal dafür, dass du sicher bist. Anschließend kannst du dich ohne Sorgen haben zu müssen an das Testen und Trainieren deiner energetischen Fähigkeiten machen.

Wie kannst du dich im Alltag schützen?

Dann lass uns doch direkt damit anfangen! Jeder von uns muss immer wieder seine sicheren vier Wände verlassen. In die Schule oder zur Arbeit gehen, einkaufen, zu einem Treffen mit Freunden oder zu einer Veranstaltung. Du wirst nicht immer darauf vorbereitet oder mental stark genug sein, um allen Hürden im Leben entgegentreten zu können. Deshalb gebe ich dir in der folgenden Auflistung einige Methoden an die Hand, mit denen du dich trotzdem so gut es geht vor negativen Energien bewahren kannst.

✦ **Seitlich stehen:** In unangenehmen Gesprächen, besonders wenn dein Gegenüber schreit, drehe deinen Körper seitlich. Dadurch bietest du weniger Angriffsfläche und die Energie der anderen Person kann einfacher an dir vorbeifließen, statt frontal auf dich zu treffen.

✦ **Ein hervorstechendes Teil tragen:** Trage einen auffälligen Kettenanhänger, ein Kleidungsstück mit besonderem Muster oder auffällige Schuhe. Diese lenken den Blick und die Energie deiner Mitmenschen eher auf das hervorstechende Objekt. Das Kleidungsstück oder der Schmuck zieht die Aufmerksamkeit auf sich und lenkt von dir und deiner mentalen Barriere ab. Alternativ kannst du dich unauffällig kleiden, am besten in Schwarz, was zusätzlichen Schutz bietet. Dadurch werden Energien eher an dir vorbeiziehen.

✦ **Symbole und Zeichen verwenden:** Es gibt schützende Symbole wie das Pentagramm, das als starkes Schutzsymbol gilt. Pentagramme gibt es in verschiedenen Varianten, wie auf Kleidung gedruckt, als Anhänger oder Piercing. Allerdings kann dieses Symbol unfreundliche Blicke auf sich ziehen. Im Kapitel über Symbole (siehe S. 62) habe ich ausführlich über verschiedene Möglichkeiten gesprochen, Symbole auffällig oder getarnt im Alltag zu tragen.

✦ **Kristalle nutzen:** Schwarzer Turmalin, Onyx und Obsidian sind drei der stärksten Schutzsteine überhaupt. Übrigens sind es alles schwarze Steine. Trage sie in der Jackentasche oder in Schmuck verarbeitet, um ihre Wirkung bei dir zu haben. Aber auch andere Seine und sogar Kieselsteine können als Schutz wirken. Um das du erklären, gehe ich in den nächsten Punkt über.

✦ **Talismane bei sich tragen:** Auch zu Talismanen gibt es bereits ein vorstehendes Kapitel. Du kannst jedem Objekt eine Aufgabe geben und somit auch starke, schützende Talismane erschaffen. Im Alltag bieten sich dafür einfach mitführbare Gegenstände wie eben ein Kieselstein an. Aber auch eine Kette, ein Tuch oder Zaubersäckchen sind gute Ideen.

Wie verbessere ich meinen mentalen Selbstschutz?

Die Grundlage für einen effektiven energetischen Selbstschutz ist die Stärke deiner eigenen Energie. Wie du deine Energie kennenlernst und dein Gefühl

SELBSTSCHUTZTRAINING

Nimm dir das visuelle Bild deiner Energie zur Hand. Wie sieht sie aus? Hast du Kleidung an, sind es Farben, die dich umgeben? Nimm dir Zeit um dir deine eigene Energie nochmal ganz im Detail vorzustellen und zu erspüren, ob diese Darstellung die richtige für dich ist.
Wenn du zufrieden bist, fängst du an deine Energie zu verstärken. Lege sie wie eine Rüstung um dich, erschaffe neue Formen und Varianten, die dich stärker machen. Ich persönlich stelle mir das tatsächlich eine Ritterrüstung vor. Golden und hell strahlt sie und umgibt meinen Körper sicher und zuverlässig.
Dieses Bild behältst du bei und trainierst es, damit du in schwierigen Situationen schnell darauf zurückgreifen kannst.
Sie muss nicht immer super stark und undurchdringlich sein, aber es grundsätzlich zu können, ist sehr hilfreich. Ein besonders starker mentaler Selbstschutz ist gefragt in Situationen wie einem Streit, einer Meinungsverschiedenheit oder Ungerechtigkeit. Dein mentaler Schutz gibt dir dann die Möglichkeit, deine Gefühle und Emotionen zu bewahren und ohne auswirkung der anderen Energien um dich herum zu reagieren.

für sie trainieren kannst, hast du bereits im Kapitel *Wie aktivierst du deine eigene Energie?* erfahren (siehe S. 43). Dort habe ich dir geraten, deiner eigenen Energie eine bildliche Darstellung zu geben. Diese Vorstellung verstärkt jetzt deinen mentalen Selbstschutz.

Hausschutz

Ein Zuhause ist nicht nur ein Ort zum Schlafen und Essen, sondern auch ein Ort, an dem wir uns sicher und geborgen fühlen wollen. Das Wohlbefinden in den eigenen vier Wänden bietet uns Ruhe von der Welt um uns herum. Einen sicheren Hafen, in dem wir durchatmen und unserem Geist eine Pause gönnen können. Es ist von unglaublicher Wichtigkeit, dass dieser Bereich geschützt wird und uns Sicherheit bietet.
Doch manchmal können negative Energien oder unerwünschte Einflüsse die Harmonie in unserem Zuhause stören. Ob sie nun von innen heraus entstehen

oder sich von draußen einschleichen. In diesem Folgenden werde ich dir Methoden und Techniken vorstellen, wie du dein Zuhause energetisch schützen kannst.

- Die sogenannte Hexenglocke wird an die Eingangstür deines Zuhauses gehängt, um schon beim Eintreten ungewollte Energien fernzuhalten. Sie ist ein schützender Talisman und gleichzeitig eine Klang-Reinigung, die von jedem Eintretenden bereits die negative Energie abstreift.
- Reflektierende Objekte an Fenster sorgen dafür, dass ungewollte Energie direkt abgeblockt wird. Die spiegelnde oder reflektierende Oberfläche bringt die Energie und schickt sie zurück, von wo sie hergekommen ist. Zugleich spiegelt das Objekt auch die innenliegende positive Energie, die dadurch vervielfacht wird. Dafür eignen sich zum Beispiel Prisma-Windspiele oder Sonnenfänger-Sticker und -Folien.
- Deine liebste Pflanze kann bereits ganz ungewollt ein Wächter deines Zuhauses sein. Pflanzen sind sehr feinfühlig, was ihre Umgebung angeht, und zeigen Veränderungen, wenn du zum Beispiel ihren Standort änderst. So reagieren sie auch auf Energien. Wenn eine Pflanze über Nacht plötzlich vertrocknet und braun geworden ist, ist die Wahrscheinlichkeit hoch, dass unerwünschte Energien den Weg in dein Zuhause gefunden haben. Deine Pflanze hat dich beschützt und du solltest ihr für ihre Energie danken.
- Auch zum Hausschutz eignen sich Edelsteine und Symbole. Die Anwendung ist genauso, wie ich sie jetzt schon einige Male erklärt habe. Zum Hausschutz besonders gut geeignete Edelsteine sind Selenit, schwarzer Turmalin oder Sandrosen. Das sind alles zackig wachsende Steine, die ihre Spitzen wie Fühler ausstrecken, um Energien auffangen zu können.

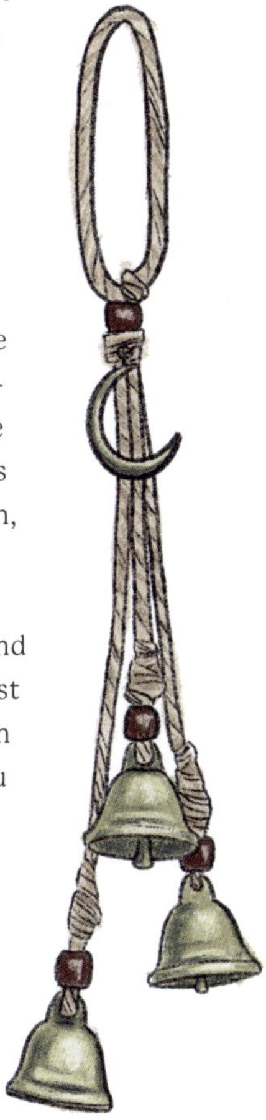

Auch hier sind Talismane erneut aufgezählt. Gerade zum Schutz sind sie mit eine der mächtigsten Methoden, da du sie selbst herstellst und genau auf deine Umgebung und Bedürfnisse abstimmen kannst. Im letzten Kapitel der Rituale zum Nachmachen findest du eine genaue Anleitung für einen Hausschutz-Talisman.

Was, wenn du nicht sorgfältig geschützt hast?

Im Alltag wirst du sensibler für die Energien deines Umfelds. Die Gefühle anderer Menschen werden dich stärker beeinflussen und Situationen wirken sich mehr auf deinen Gemützustand aus. Solche Auswirkungen sind nicht von Dauer und können im Normalfall mit einer gründlichen Reinigung wieder behoben werden.

In deinem Zuhause wirst du dich ebenfalls unwohler fühlen, deine Pflanzen werden vermutlich darunter leiden und dein Gemüt kann in den eigenen vier Wänden nicht mehr richtig zur Ruhe kommen. Dein Schlaf kann sich verschlechtern, Dinge können vermehrt kaputtgehen oder du bekommst eine Tierchen-Plage. Das sind alles keine festen Merkmale, dennoch sind sie bei unzureichendem oder durchbrochenem Hausschutz möglich.

HINWEIS

Beachte, dass wenn eine negative Energie durch deinen Schutz gebrochen oder, was deutlich wahrscheinlicher ist, eine negative Energie im Inneren entstanden ist, immer zu reinigen, bevor du schützt. Nimm, wenn möglich, deine schützenden Objekte ab, reinige und entlasse die Energie nach außen. Anschließend stellst du deinen Schutz wieder auf.

Bei deiner magischen Arbeit kann das Ganze etwas kritischer werden. Wenn du einen Zauber durchführst, öffnest du deinen Geist und begibst dich auf eine sehr empfindsame Energieebene. Du bist vollends konzentriert auf dein Vorhaben. Dadurch bist du weniger fokussiert auf deine Umgebung und leichter empfänglich für äußere Energien. In diesem Zustand können sich Energien ungehindert an dich heften und in deinen Geist eindringen, vielleicht sogar ohne, dass du sie bemerkst. Gerade bei der Arbeit mit Entitäten ist ein guter Schutz von enormer Wichtigkeit, denn du rufst dabei Kräfte an, die eigensinnig und selbständig handeln. Aber keine Bange, natürlich gibt es auch hierfür eine Lösung.

Schutzkreis

Neben der regelmäßigen Reinigung und dem dauerhaften Schutz, der dich umgibt, gibt es nochmal eine stärkere Form des Schutzes. Diese ist besonders wichtig für deine praktische Arbeit, nämlich der Schutzkreis. Vielleicht hast du schon einmal davon gehört.

In Filmen wird er gerne dargestellt, wenn eine Hexe mit Salz einen Kreis auf den Boden zieht oder Kerzen um sich herum aufgestellt hat. Das sind beides tatsächlich ziemlich akkurate Darstellungen eines möglichen Schutzkreises, aber lass uns erstmal gemeinsam ergründen, wofür er eigentlich da ist.

Wenn du ein Zauber oder ein Ritual durchführst, aktivierst du dabei sehr viel Energie. Du selbst bist davon die wichtigste und stärkste Quelle. Und genau, weil du so wichtig bist, musst du dich bei magischer Arbeit extra schützen.

Ich habe dir im Kapitel *Wie aktivierst du deine eigene Energie?* (siehe S. 43) beschrieben, dass du beim Zaubern einen sehr konzentrierten und mit dir verbundenen Zustand benötigst. Dieser Zustand ist deine mächtigste Form. In dem Moment, in dem du zauberst, bist du eng mit allen Energien um dich herum verbunden und die restliche Welt spielt für dich keine Rolle mehr. Der Schutzkreis ist dafür da, um alles, was außerhalb von ihm liegt, draußen zu halten, und alles, was in ihm liegt, im Inneren zu halten. Du wirst im Inneren des Schutzkreises sein, du wirst dort zaubern und dich auf der energetischen Ebene öffnen. Die Energie deines Zaubers wird im geschützten Raum des Schutzkreises entfaltet und geformt. Alles andere darf und soll draußen bleiben!

Was passiert, wenn du keinen Schutzkreis ziehst?

Was ist also genau die Sorge, wovor sollst du dich schützen? Ganz einfach, die Außenwelt. Das kann von einer kleinen Energie bis hin zu einer unerwünschten Entität gehen, die du dir aus Versehen eingeladen hast. Nur sehr wenige Menschen können Energie optisch sehen. Du wirst die negative Energie vielleicht spüren, aber ohne genau zu wissen, was es ist, kannst du wenig dagegen machen. Deswegen ist dein Schutzkreis wie ein universeller Schutzschild, der dich während deiner Zauberarbeit vor allem Äußeren schützt. Lass mich dir ein paar Beispiele geben, um dir ein Bild davon zu machen, was dich beeinflussen könnte:

- Deine Nachbarn streiten sich und ihre negative Energie fließt zu dir.
- Du hast bei deiner Reinigung etwas übersehen, was jetzt deine energetische Wahrnehmung stören könnte.
- Dein Partner oder ein Familienmitglied trägt starke negative Energie, die sich auf euer gemeinsames Zuhause und somit auf deinen Zauberort auswirkt.

Es gibt nicht nur alltägliche Gründe, warum du einen Schutzkreis ziehen solltest. Genauso gut können die Gründe auch magischer Natur sein. Auch in der Welt der Hexerei ist nicht jeder dein Freund. Wie in jeder Gruppe gibt es Menschen, die einem nichts Gutes wünschen und nicht auf das Wohl anderer aus sind. Hexen haben die Fähigkeit, Personen energetisch anzugreifen und ihnen Schaden zuzufügen. Ich möchte dir keine Angst machen; ein dauerhafter Schutz und ein Extraschutz während deiner Arbeit ist deswegen trotzdem von großer Wichtigkeit. Während deiner praktischen Arbeit bist du auf einer sensiblen energetischen Ebene, was dich sowohl feinfühlig als auch anfällig für negative Energien macht.

Ein Schutzkreis kann sehr individuell und nach unterschiedlichen Bedürfnissen errichtet werden. Meistens besteht ein Schutzkreis aus einer Kombination einer physischen Komponente und einer eigenen Visualisierung. Ich erkläre dir nun, wie du zuerst visuell arbeitest, und anschließend zähle ich verschiedene Methoden auf, wie du einen Schutzkreis physisch darstellen kannst.

Die Visualisierung

Das Aussehen in deinem Kopf ist dabei genauso individuell wie die Darstellung deiner Magie. Erinnere dich an das Kapitel zurück, indem du deine eigene Energie kennengelernt hast. Ich habe dir dort gesagt, dass du deiner Energie visuell eine Form geben sollst, um später besser mit ihr arbeiten zu können. Das kommt hier jetzt zum Einsatz.

SCHUTZ VISUALISIEREN

Konzentriere dich auf deine eigene Energie und wie sie aussieht. Achte auf die Farbe beziehungsweise das Aussehen deiner eigenen Energie, also in meinem Fall zum Beispiel goldleuchtend. Wenn du dir sicher bist, forme deine Energie in deinem Kopf in eine Lichtkugel komplett um dich herum. Du kannst dich aber auch in einem Quadrat oder einem Dreieck befinden. Wichtig ist nur, dass die Energie dich vollständig umschließt, von unten, von oben, von allen Seiten – auch durch den Boden! Halte diese Visualisierung, bis du das Gefühl hast, dass du geschützt bist.

Tipp: Probiere am besten verschiedene Formen für deinen eigenen Schutzkreis aus und lege dich dann aber fest. Das ist wichtig, damit die Visualisierung dir mit der Zeit immer leichter fällt und du dich nicht ständig auf eine neue Gestaltung konzentrieren musst. Persönlich arbeite ich viel mit dem Element Äther zusammen, weshalb ich mich beim Zaubern oft in einem „leeren" Raum befinde. Dabei habe ich das Gefühl zu schweben, und eine Kugel ist für mich die passende Form, um mich in diesem Raum sicher zu fühlen.

Die physische Darstellung

Um den visuellen Schutz noch zu verstärken, stellen Hexen zusätzlich einen optischen Schutzkreis um sich herum auf. Beim Zaubern konzentrierst du dich vollends auf dein Vorhaben und dabei kann die Konzentration deiner visualisierten Abgrenzung nachlässig werden. Auch das ist natürlich und nicht schlimm, aber um dann trotzdem sicher zu sein, gibt es eben zusätzlich noch den physischen Schutz.

Es gibt, so wie in jedem anderen Bereich auch, Unmengen verschiedener Möglichkeiten, einen Schutzkreis darzustellen. Im Nachfolgenden habe ich dir die gängigsten und beliebtesten Varianten aufgezählt und erläutert, wofür sie sich besonders gut eignen.

✦ **Salz:** Salz hat eine sehr starke schützende Wirkung, was es für Anfänger leicht verwendbar macht. So gut wie jeder hat es bereits zuhause und auch die Neubeschaffung ist günstig. Achte bei Salz auf den Ort der Verwendung. In der Natur sollte Salz auf keinen Fall dauerhaft verteilt werden, auch nicht vor Haustür und Fenstern. Das Salz schadet der Umwelt und dringt in unser Grundwasser ein. Auch Tiere leiden an zu hoher Salzaufnahme. Wenn du dein Zuhause für einen Zauber schützen möchtest oder draußen zaubern willst, verstreue das Salz und entferne es nach Ende deiner Arbeit unbedingt wieder.

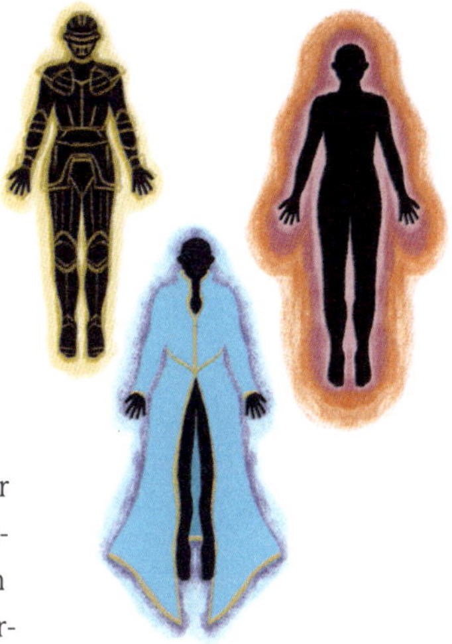

✦ **Die Elemente:** Die Elemente können auch für deinen Schutzkreis herbeigerufen werden. Um sie zu nutzen, benötigst du Objekte, die die jeweiligen Elemente repräsentieren. Du kannst entweder alle, nur ein einzelnes oder die rufen, die für dein Vorhaben von Nutzen sind. Lass dich dann nicht von meiner Formulierung, in welcher Himmelsrichtung das Objekt platziert werden soll, verwirren. Passe die Platzierung je nach deiner Wahl entsprechend an. Auf Seite 146 findest du passende Assoziationen, die du sowohl für deinen Schutzkreis, als auch für Zauber, in denen du Elemente verkörpern möchtest, verwenden kannst.

✦ **Kerzen:** Du kannst Kerzen auch verwenden, wenn du nicht speziell mit dem Element Feuer zusammenarbeiten willst. Sie sind ein Teil des Elements, aber auch alleine stehend ausgesprochen stark. Kerzen werden nicht umsonst als der Kern für die meisten Zauber verwendet. Stel-

Objekte und ihre Element-Assoziationen

Element	Kreis	Objekte	Beschreibung
Erde	im Norden	Steine und Kristalle	Steine und Kristalle sind ein jahrtausendealter Teil der Erde und verkörpern ihre Macht. Obsidian, Jaspis oder Smaragd eignen sich besonders gut als Verbildlichung.
		Salz	Salz ist ein klassisches Symbol für Erde. Es entsteht in einem Zusammenspiel zwischen Wasser und Erde, wodurch es sich auch optimal für ein gemeinsames Ritual der beiden Elemente eignet.
		Pflanzen	Ob frisch oder getrocknet, ob Blätter oder Blumen. Sie wachsen auf ihr und sind Teil ihres gesamten Systems.
Luft	im Osten	Rauch, Räucherstoffe	Räuchern ist eine gängige Form der Verbildlichung des Elements Luft. Der Rauch ist eine optisch sichtbare Repräsentation des Elements.
		Federn	Federn eignen sich toll als Symbol für Luft. Vögel sind die Meister der Luft. Mit Leichtigkeit beherrschen sie die Lüfte. Eine Feder von ihnen ist ein wunderschönes Geschenk an das Element Luft.
		Glocken oder Windspiele	Ob das Rascheln der Blätter im Wind oder das laute Heulen bei Sturm um die Häuserecken – Luft bewegt alles um uns herum und erzeugt dabei Töne. Glocken und Windspiele eignen sich deswegen als Repräsentation des Elements Luft.
Feuer	im Süden	Kerzen	Kerzen, vor allem rote, orange und gelbe Kerzen sind Symbole für das Element Feuer. Sie verkörpern nicht nur das Element selbst, sondern verstärken diese Bedeutung mit ihrer Farbe.
		Ritual-Messer	Ein Messer wird oft mit der Transformationskraft des Feuer assoziiert. Für mehr Informationen zu Ritual-Messern und ihrem Nutzen siehe S. 92.
		Scharfe Gewürze	Die Schärfe in Gewürzen repräsentiert das Feuer in ihnen. Du kannst z.B. Zimt, Nelken oder Chili in einer kleinen Schale in deinen Schutzkreis platzieren.
Wasser	im Westen	Kelch oder Schal	Was symbolisiert ein Element besser als das Element selbst? Stelle ein Behältnis gefüllt mit Wasser an die westliche Seite deines Kreises.
		Muscheln	Muscheln, Wasserschnecken oder andere Wasserbewohner stehen in engem Zusammenhang mit dem Element Wasser. Besonders kraftvoll sind selbst gesammelte Funde von Flüssen oder Seen.
		Spiegel	Ein Spiegel soll die spiegelnde Oberfläche von Gewässern darstellen. In einer Wasseroberfläche erblickst du dich selbst und kannst deinen eigenen Absichten, Gedanken und Ängsten auf den Grund gehen.

le Kerzen in einem Kreis um dich herum auf, um damit den Schutzkreis darzustellen. Ich persönlich verwende dafür gerne Teelichter. Sie sind günstig, ich kann ihre Brenndauer entsprechend meines Zaubers wählen und sie sind klein genug, damit sie mich bei der Arbeit nicht behindern. Stelle jede Kerze auf Unterteller oder Kerzenhalter. Stelle sicher, dass sie stabil stehen, um die Umkippgefahr zu verringern. Stelle sie nicht zu eng aneinander, da sonst die Gefahr eines Flächenbrands zu hoch wird.

✦ **Eierschalen:** Eine Alternative zu Salz sind Eierschalen. Du kannst ganz einfach die Schalen deiner verwendeten Eier aus dem Supermarkt benutzen. Säubere sie und trockne sie vollständig, zerkleinere sie mit einem Löffel in einer Schale oder in einem Mörser zu kleinen Stückchen oder feinem Pulver. Sie schützen weniger als Salz, sind aber trotzdem eine gute Alternative, da du sie in der Natur bedenkenlos liegen lassen kannst.

✦ **Tarotkarten und Runensteine:** Praktizierende, die eine enge Verbindung zu ihren Karten oder sonstigen Divinations-Hilfsmitteln haben, können ihren Schutzkreis auch damit legen. Runensteine, Knochen und anderes Kleinzeug der Kunst des Werfens, Tarot- oder Orakelkarten, Symbolsteine. Wenn dein Vertrauen und dein Wissen über die Objekte stark genug sind, kannst du sie verwenden.

WO STEHST DU, WÄHREND DU DEINEN SCHUTZKREIS ZIEHST?

Und wie groß muss er sein? Die Antworten darauf sind recht einfach.
Zum Ziehen solltest du dich nach bester Möglichkeit bereits im Inneren des Kreises befinden. Wenn du physische Objekte aufstellen willst, bereite diese vor, damit du sie dann um dich herum aufbauen kannst. Somit befindest du dich schon im Schutz und musst diesen nicht später erst betreten. Für deine Visualisierung solltest du dich dann auch schon an der Stelle und in der Position befinden, an der du gleich arbeiten willst.
Die Größe des Schutzkreises hängt vom Platz ab, den du für deine Arbeit benötigst. Wenn du viele Materialien und Hilfsmittel brauchst, müssen diese natürlich alle innerhalb des Kreises passen. Ziehe ihn so groß wie nötig und so klein wie möglich. Halte immer genügend Abstand zu (Kerzen-)Flammen..

Bannen – entfernen und trennen von Ungewolltem

Bannen oder auch englisch *banishing* genannt, ist eine mächtige energetische Arbeit. Es wird verwendet, um etwas aus deinem Leben zu entfernen, es also zu (ver)bannen. Man könnte es auch als Selbstverteidigung durch Magie bezeichnen.

Bannungsrituale (siehe S. 168) werden z. B. verwendet, wenn du eine spezielle Sache, einen Gedanken oder einen Menschen aus deinem Leben verbannen möchtest. Bei dieser Methode weißt du, was dein genaues Ziel ist, und handelst bewusst. Gründe einer solchen Bannung können zum Beispiel ein unfreundlicher Mitschüler oder ein Arbeitskollege sein. Jemand lässt dich einfach nicht in Ruhe und du willst ihn loswerden. Oder du hast eigene negative Gedanken, die dich stören und die du gerne entfernen würdest. Auch Bannung hat ihre Grenzen und Gedanken können nicht spurlos ausgelöscht werden. Sie sind aus einem Grund bei dir und du musst herausfinden, warum. Eine Bannung solcher Gefühle kann dir zum Beispiel helfen, die Überflutung der Emotionen einzudämmen. Dadurch kannst du sie bewusster wahrnehmen und dann daran arbeiten.

Bannung wird auch bei magischen Angriffen auf dich und dein Zuhause angewandt. Bannung kann keinen eigenen Schaden anrichten, es reflektiert lediglich die dir gesendete Magie und gibt sie in gleicher Stärke zurück. Trotzdem

IST BANNUNG BÖSE HEXEREI?

Nein. Magie sucht sich, wie du weißt, immer den Weg des geringsten Widerstands. Ein Mensch, den du aus deinem Leben bannst, wird nicht einfach so sterben oder spurlos verschwinden. Viel wahrscheinlicher ist, dass er umzieht oder sich einer neuen Freundesgruppe anschließt und dadurch weniger Kontakt zu dir hat.
Ein verbanntes Objekt wird wahrscheinlich verloren gehen, geht kaputt oder du findest es einfach nie wieder. Reflektierte Emotionen und Zauber sind nur genauso stark, wie der Sender sie an dich gegeben hat. Wenn eine Hexe einen schlimmen Zauber gewählt hat, ist sie selbst schuld, dass sie das Leid, das sie dir zufügen wollte, nun selbst abbekommt. Hoffentlich lernt sie etwas daraus.

gehört Bannung zu den fortgeschritteneren Methoden und sollte nur unter strengen Schutzmaßnahmen durchgeführt werden. Außerdem sollte sie immer unter Bedacht und Berücksichtigung ihrer Auswirkung ausgeübt werden.

Wann muss gebannt werden? Wann reicht eine Reinigung?
Wie merkst du, dass etwas nicht stimmt? Dafür gibt es verschiedene Anzeichen, aber leider keine eindeutigen „Beweise". Manche Hexen bekommen ganz bestimmte Kopfschmerzen Schmerzen in einem Gelenk. Andere merken es an ihrem Verhalten, wenn einfach plötzlich ohne Grund alles schiefgeht. Aber auch physische Objekte können dir Hinweise auf einen starken energetischen Angriff geben. Sie sind deutlich einsteigerfreundlicher und etwas eindeutiger zu lesen.

Eine beliebte Methode sind Schutz-Talismane. Diese nehmen im Normalfall physischen Schaden, wenn wirklich etwas Schlimmes passiert ist. Sie gehen kaputt, verändern ihre Farbe oder Substanz. Das sind Hinweise, bei denen du aufmerksam werden solltest.

Auch deine tägliche Umgebung kann sich verändern und dir somit Signale senden. Ein beliebter Begleiter von schlechter Energie sind Fliegen. Egal ob Fruchtfliegen oder normale Hausfliegen, am schlimmsten sind allerdings Müllfliegen. Solltest du plötzlich unergründlich ungewöhnlich viele Fliegen bei dir haben, kann der Grund dafür ein energetischer Angriff sein. Pflanzen sind ein weiterer empfindlicher Vorbote für Negativität. Diesen Punkt habe ich bereits im Kapitel Hausschutz angesprochen. Wenn deine Pflanze ganz plötzlich eingeht oder dunkle Blätter bekommt, kann es gut sein, dass dein stiller Zimmergenosse dich vor schlechter Energie bewahrt hat.

Also wann bannt man und wann reicht eine Reinigung? Recht einfach festzustellen. Bannen ist eine starke magische Arbeit, die du nicht alle Tage durchführen willst. Wenn du irgendwelche Hinweise oder Vermutungen auf einen energetischen Angriff hast, reinige zuerst gründlich und mit starken Mitteln. Sollte in den nächsten Tagen das schlechte Gefühl immer noch bestehen, kannst du dann eine Bannung durchführen.

HINWEIS
Wenn du irgendeinen der eben genannten Punkte bei dir feststellen solltest, ergründe, bevor du eine Bannung durchführst, zuerst ganz genau, ob die Veränderung vielleicht doch natürlichen Ursprungs ist. Gab es einen Sturm, der deinen Schutz-Talisman auf dem Balkon zerstört haben könnte? Hast du irgendwo Essen liegen lassen, wodurch Fliegen angezogen wurden? Handle erst, wenn du natürliche Gründe ausschließen kannst.

Bei Emotionen und Gedanken sieht das etwas anders aus. Du musst für dich selbst entscheiden, wie schwerwiegend und belastend die Situation für dich ist. Eine Bannung der Gefühle sollte immer nur als letzter Ausweg gewählt werden!

Versuche es vorher mit Ritualen und Selbstreinigungen, um Negatives auf sanfte und freundliche Art und Weise gehen zu lassen. Eine Bannung ist etwas Starkes und Abruptes. Überlege dir gut, ob du solch einen aggressiven Schnitt wirklich benötigst.

Verhexungen und Flüche

Über die genaue Definition von Verhexen und Verfluchen besteht keine Einigkeit, weswegen die folgenden Definitionen meiner Recherche, Erfahrung und Meinung entspringen. Es sind beides Formen der Magie, bei denen dein Wille einer anderen Person oder einem Objekt auferlegt wird. Eines vorab: Ich werde dir in diesem Buch keine Schadenszauber beibringen, aber in viel zu vielen Einsteiger-Quellen wird gesagt „mach es nicht“ oder „Solange es keinem schadet ...“ – und Ende. Ich finde es wichtig, dass man von diesen Praktiken weiß. Zum einen, um von ihrer Existenz zu wissen und sich davor schützen zu können, und zum anderem, um seine eigenen Gefühle, Wünsche und Handlungen bewerten zu können.

Flüche und Verhexungen sind keine Seltenheit in der Magie, Hexen werden nicht umsonst oftmals als böse angesehen. Sie existieren aber nun mal und die Augen davor zu verschließen oder noch schlimmer, sie als hübschen Liebeszauber zu tarnen, hilft keinem. Sie sind ein Teil der Hexenkunst, wenn auch kein schöner. Wenn du einen Fluch durchführen willst, wirst du bestimmt irgendwo Anleitungen dafür finden, daran kann ich nichts ändern. Was ich aber tun kann, ist, dir bewusst zu machen, was Schadensmagie wirklich anrichtet.

Im Allgemeinen werden sie als Schadenszauber oder sogar schwarze Magie bezeichnet und sind von vielen Praktizierenden nicht gut angesehen. Trotzdem möchte ich dieses Thema hier wenigstens kurz aufgreifen, um dich zu informieren.

Innerhalb der Hexen-Gemeinschaft herrscht keine Einigkeit, ob man Schadenszauber durchführen sollte oder nicht. Warum also spreche ich dieses Thema an? Weil Flüche und andere Schadensmagie durch unsere heutigen Medien viel zu leicht erreichbar sind, aber niemand wirklich darauf hinweist, was sie sind. Ich möchte dich dafür sensibilisieren und deine Wahrnehmung schärfen, um solche Magie erkennen zu können. Außerdem kann es auch ganz aus Versehen passieren, dass man Schaden anrichtet. Deswegen schreibe ich dieses Kapitel.

Was sind Schadenszauber?
Im Englischen gibt es noch mehr Definitionen, um die verschiedenen Arten von Schadensmagie zu unterscheiden: *hex, jinx, curse* und *charm*. Da *charm* und *jinx* sich ins Deutsche aber nur als Zauber übersetzen lassen, konzentriere ich mich auf *hex* und *curse*. Verhexen und Verfluchen.

✦ **Flüche** sind Zauber mit böswilligen Absichten, die nur darauf ausgelegt sind, dem Ziel Schaden zuzufügen. Sie sind extrem schwierige und komplizierte Zauber mit möglicherweise verheerenden Auswirkungen. Im Kapitel *Wie aktivierst du deine eigene Energie?* (siehe S. 43) habe ich beschrieben, dass du für Magie mit dir im Reinen sein musst. Deine innere Balance ist Voraussetzung für kraftvolle magische Arbeit. Diese Balance wird durch Hass, Eifersucht, Missgunst und andere negative Emotionen ins Wanken gebracht. Der Wunsch, einen Fluch durchzuführen und Negatives herbeizuführen, wird gerne von solchen schlechten Emotionen ausgelöst. Wenn du also das Bedürfnis verspüren solltest, einen Fluch durchzuführen, solltest du dich besser fragen, woher dieses Verlangen kommt und welche unverarbeiteten Emotionen dich verleiten, solch eine unheilvolle Magie verwenden zu wollen. Ich rate jedem davon ab, Flüche durchzuführen. Ihr Ursprung entspringt keiner guten Absichten und ihr Ergebnis richtet meistens großen Schaden an.

✦ **Verhexung,** oder auch Verwünschung oder Verzauberung genannt, ist ein Zauber, bei dem ein Objekt oder eine Person in eine unnatürliche Richtung gelenkt wird. Sie kann aber keinen tragischen Schaden anrichten und von der betroffenen Person aufgelöst werden. Was gilt alles als Verhexen? Strenggenommen jede Form von Zauber, bei dem eine Person oder ein Objekt in Gefühle oder Situationen gezwungen wird, ohne eigene Kontrolle darüber zu haben. Menschen oder Dinge werden mithilfe von Magie manipuliert, um an ein bestimmtes Ziel zu gelangen.

Das wohl beste Beispiel für Verhexungen sind Liebeszauber. Wenn du jemanden an deine Seite wünschst, wenn du jemanden zurückhaben möchtest, wenn du andere auseinanderbringen willst. Das sind alles Handlungen, bei denen du deinen Willen jemand anderem aufzwingst.

Leider werden solche Zauber vor allem auf Sozialen Medien hübsch dargestellt und ohne Warnhinweis veröffentlicht. „Es ist doch total cool, deinen Ex zu verhexen, dass er immer an dich denken muss; dass er dich niemals wieder aus seinem Kopf loswird, nur weil er mit dir Schluss gemacht hat und deine Gefühle verletzt hat."

Auch wenn dein Ex dir gerade weh getan hat und es dich schmerzt, willst du ihm wirklich für immer andere Liebe verwehren? Das war übrigens ein Beispiel-Zauber von Social Media, bei dem ich wirklich schockiert war. Jeder hat Zugriff auf diesen Zauber, jeder könnte ihn durchführen, und er steht da, öffentlich, ohne Sicherheitshinweis oder Warnung, was man damit anrichtet.

Flüche und Verhexungen können aktive Zauber sein, allerdings kann Schadensmagie, wie ich am Anfang des Kapitels erwähnt habe, auch „aus Versehen" oder unbewusst geschehen. Magie muss nicht immer aktiv ausgeübt werden, um vorhanden zu sein. Befeuert man negative Gedanken (wie zum Beispiel Neid oder Missgunst anderen gegenüber) mit zu viel Kraft, kann es durchaus passieren, dass auch ganz ohne Zauber oder Ritual eine Wirkung eintritt. Auch deswegen ist es wichtig, sich seiner Emotionen bewusst zu sein und an seinem Schatten (siehe S. 46) zu arbeiten.

Zuletzt noch ein wichtiges Wort: Ich kann niemanden davon abhalten, Schadensmagie durchzuführen, aber ich fordere dich auf, gründlich über deine Handlungen nachzudenken und ob du alle Konsequenzen wirklich verantworten kannst und magst. Ich möchte nur sichergehen, dass du dir ihrer Existenz, vor allem aber ihrer Auswirkungen bewusst bist.

Magische Sicherheit

Bevor du dich in Zauber und Rituale stürzt, gibt es noch einen sehr wichtigen Punkt zu verstehen. Ich weiß genau, wie verlockend praktische magische Arbeit ist. Du willst bestimmt endlich loslegen und Ergebnisse sehen! Doch Hexerei ist kein einfaches Handwerk. Du solltest immer gut überlegen, wofür du deine Kraft aufwendest. Dafür und für ein paar weitere Punkte möchte ich dich in diesem Kapitel nochmal sensibilisieren. Denke immer daran:

Energie entsteht nicht neu. Ein Zauber hat immer seinen Preis: Wo Energie gegeben wird, wird sie woanders genommen.

Wenn du zum Beispiel einen Erfolgszauber für eine Bewerbung für einen neuen Job durchführst und dann den Job bekommst, hast du jemand anderem die Chance darauf genommen.

Wenn du eine Person zurückholen oder an dich binden möchtest, verwehrst du ihr damit die Möglichkeit auf andere Liebe. Das soll dir keine Angst machen oder bedeuten, dass zaubern schlecht ist. Es soll dich viel eher daran erinnern, Hexerei ernst zu nehmen und verantwortungsvoll mit der dir gegebenen Macht umzugehen.

Jede deiner Entscheidungen trägt Konsequenzen, nicht nur im normalen Leben, sondern auch in der Magie.

Zauber funktionieren oft nicht so, wie man sie geplant hat. Deswegen ist es enorm, wirklich *enorm* wichtig, sie genauestens zu definieren. Angenommen du möchtest mehr Geld in dein Leben einbringen, dann musst du genau beschreiben, wie und von wo du dein Geld bekommen möchtest, denn:

Magie nimmt den Weg des geringsten Widerstands.

Wenn du dein Vorhaben nicht genau beschreibst, besteht die Gefahr, dass du zwar an dein Ziel gelangst, aber auf einem ganz anderen Weg, als du ihn dir vorgestellt hast. Und dieser Weg wird nicht besonders angenehm sein. Magie zwingt dich oft, Dinge auf eine sehr harte Art und Weise zu lernen. Das Universum hat keine Gefühle und auch kein Gewissen. Es arbeitet mit dem, was es hat, und wenn du es um Geld bittest, wird es dir Geld geben. Ob dabei dann dein Auto abbrennt und dir deine Versicherung Geld zahlt oder ob du ein tolles neues Jobangebot bekommst, bleibt ungewiss. Deswegen mache dir immer genau Gedanken über dein Vorhaben und wie es zustande kommen soll. Behalte dabei immer auch die Grenzen von Magie im Hinterkopf.

✦ **Beende deine Arbeit sorgfältig** Es ist sehr wichtig, deine Zauber und Rituale wieder vollständig aufzulösen, da du sonst riskierst, dass sie weiterhin energetisch an dir hängen. Als Beispiel aus meinen Beginner-Zeiten:

Ich führte damals ein *road opening*-Ritual durch. Das bedeutet so viel wie „Weg öffnen" und soll neue Möglichkeiten und Perspektiven im Leben eröffnen. Ich hatte damals absolut keine Ahnung von Schutz und probierte einfach drauflos. Das Ritual wurde nach Abschluss nicht anständig von mir geschlossen und nach einiger Zeit begannen sich die neuen Wege zu öffnen.

Leider ergaben sich dann plötzlich so schnell unfassbar viele Möglichkeiten, dass ich nicht mehr wusste, wo ich überhaupt anfangen sollte. Ich geriet in eine Entscheidungsstarre. Also geschah das genaue Gegenteil von dem, was ich eigentlich erreichen wollte.

Das muss nicht heißen, dass ein Zauber immer nach hinten losgeht, wenn das Ritual nicht gründlich aufgelöst wurde, aber im Normalfall ist es hilfreich, es zu tun.

Wie beendest du nun deine Arbeit ordentlich?

1. Stelle sicher, dass dein Zauber oder Ritual auch wirklich zu Ende ist. Wenn du das Gefühl hast, dass noch etwas fehlt, dass du etwas wiederholen musst oder die Energie noch einen Moment brauchst, nimm dir die Zeit dafür. Ein überstürztes Ritual ist genauso wirksam wie gar keins.
2. Nun musst du dein Ritual oder Zauber abschließen. Das machst du, indem du dich zuerst bei allen genutzten Energien für ihre Wirkung bedankst. Bei deinen Kräutern, der Kerze und vor allem – ganz wichtig – bei Entitäten. Ob es die Elemente, Götter oder Engel sind. Bedanke dich bei ihnen und entlasse sie anschließend aus deinem Schutzkreis sowie aus deinem Zuhause. Die Worte dafür kannst du wie immer einfach in Gedanken oder laut aussprechen. Ich persönlich verwende gerne die Sätze: *„Ich bedanke mich bei dir, dass du mir bei dieser Arbeit geholfen hast. Ich danke dir für deine Energie und deine Kraft. Hiermit entlasse ich dich aus meinem Kreis. Lebe wohl."*
3. Hast du allen Energien gedankt und sie entlassen, musst du deinen Schutzkreis auflösen. Lasse dafür deine visualisierte Barriere verblassen, stell dir vor, wie sie zu Nebel verschwimmt oder herunterfährt; ganz wie du es für dich empfindest. Nimm dann alle Objekte, die deinen Schutzkreis dargestellt haben, gegen die Richtung, in der du ihn gezogen hast, wieder weg. Bei Salz, Sand, Eierschalen oder anderen feinen Stoffen kannst du die gezogene Linie erst einmal mit der Hand verwischen, bevor du dich an die richtige Säuberung machst.

✦ **Achte auf deinen Körper und Gefühle** Dein Gemütszustand beeinflusst maßgeblich das Ergebnis deiner magischen Arbeit. Wie du gelernt hast, bist du selbst der wichtigste Teil, um dein Vorhaben zum Erfolg zu führen. Deswegen ist es sehr wichtig, dass du auf deinen Körper und deine Gefühle hörst. Zaube-

re nicht, wenn du müde oder erschöpft bist. Auch Traurigkeit oder Wut beeinflussen deine Arbeit und können zu einem unerwünschten Ergebnis führen.

Genauso aber auch Euphorie und Übermotivation, durch die du eventuell unüberlegt oder unvorsichtig handelst. Wähle deine Arbeit bewusst und überdenke, welche Gefühle dich gerade leiten, bevor du etwas durchführst.

✦ **Löse den Zauber auf** Es wird der Moment kommen, an dem ein Zauber seine Wirkung erfüllt hat oder du seine Wirkung zurückziehen möchtest. Dann ist es Zeit, deinen Zauber aufzulösen.

Bei Hexenfläschchen oder anderen physischen Rückständen ist das verhältnismäßig einfach. Brich das Siegel oder den Verschluss und wirf den Inhalt weg. Das kannst du in der Toilette, dem Mülleimer oder, wenn es die Stoffe zulassen, in der Natur machen. Bedanke dich bei den Bestandteilen, dass sie für dich gewirkt haben, und entlasse sie aus deinen Diensten.

Bei Zaubern, die keine Rückstände zurückgelassen haben oder bei denen du die Bestandteile nicht mehr hast, ist das Ganze etwas schwieriger. Dann musst du wissen, was du damals in deinem Zauber verwendet hast. Deswegen ist es auch so enorm wichtig, dir jede Arbeit in dein BOS (siehe S. 85) zu schreiben. Versuche, deine Vorgehensweise so genau wie möglich nachzumachen.

Wenn dein Zauber eine Kerze enthalten hat, zünde diese an, aber lass sie jetzt nicht wie gewohnt abbrennen, sondern lösche sie in ihrem eigenen Wachs. Tropfe dafür einige Tropfen auf deinen feuerfesten Untergrund und tunke den brennenden Docht in das Wachs. Brich die Kerze anschließend in zwei Hälften und visualisiere dabei, wie die Wirkung des Zaubers zerbricht.

Wenn dein Zauber keine Kerze enthalten hat, nutze einen anderen Gegenstand, um ihn zu zerbrechen oder mit einer Schere zu zerschneiden. Es funktioniert auch mit einem Ritualmesser, mit dem du auf energetischer Ebene die Wirkung durchtrennst.

Grundablauf für jedes Ritual

Bevor du die nachfolgenden Anleitungen ausprobierst, möchte ich dir noch den Grundablauf eines Rituals erklären. Die folgenden Schritte sind sozusagen die Vorarbeit für jedes Ritual, das du durchführen möchtest, und Voraussetzung für jede meiner Anleitungen.

1. Vorbereitung

Recherchiere, welche Hilfsmittel sich am besten eignen. Beachte auch mögliche Wechselwirkungen deiner Bestandteile, gerade Kräuter können oft sehr weitläufige Wirkungen haben. Wähle die aus, die am genauesten auf dein Vorhaben zutreffen. Ein kleiner Spickzettel ist übrigens auch keine schlechte Idee, falls du doch mal was vergessen solltest – und du kannst ihn nach Abschluss in dein Notizbuch kleben.

2. Wahl des Zeitpunkts

Achte dabei nicht nur auf die Mondphasen, sondern auch auf deine eigene Umgebung. Hast du vielleicht an einem Tag dein Zuhause für dich alleine, damit du komplett ungestört arbeiten kannst? Hast du am Tag danach einen wichtigen Termin, weshalb du zu aufgeregt bist und dich nicht voll konzentrieren kannst? Letzteres könnte natürlich auch gerade der Grund sein, warum du ein Ritual durchführen willst. Achte einfach genauestens auf deinen eigenen Gemütszustand und beobachte deine Umgebung. Wähle mit diesen Informationen einen Zeitpunkt für dein Ritual.

3. Sammeln der Utensilien

Wenn du genau weißt, was du für dein Vorhaben alles brauchst, überlege dir auch, wie du alles in deinem Ritual verwenden wirst. Lege zum Beispiel deine Räuchermischung offen in ein kleines Schälchen, damit du sie einfach erreichen und verwenden kannst. Lege dir eine Zange bereit, falls du etwas hast, was heiß wird. Stelle wirklich sicher, dass du alles an dem Ort des Rituals hast, bevor du beginnst. Wenn du mitten im Geschehen steckst und feststellst, du hast etwas vergessen, ist es sehr ungünstig, deinen Zustand und deinen Schutzkreis noch mal verlassen zu müssen.

4. Reinigung

Jetzt geht es wirklich zur Sache! Reinige deine Umgebung zuerst gründlich physisch, also ordentlich aufräumen und putzen. Anschließend reinigst du dich und deinen Raum auf energetischer Basis. Du musst nicht dein gesamtes Zuhause reinigen, es reicht der Raum, in dem du arbeiten wirst.

5. Schutz

Ziehe einen Schutzkreis. Stelle zuerst den optischen Schutzkreis auf. Lege dafür die Objekte, die ihn repräsentieren, mit dem Uhrzeigersinn nacheinander auf den Boden. Errichte dann deinen mentalen Schutz.

6. Konzentration

Trotz aller Vorfreude, ist jetzt die Zeit noch einmal Zeit, tief durchzuatmen. Bringe dich in die Position, in der du das Ritual durchführen willst, und schließe für einen Moment die Augen. Bringe deinen Geist zur Ruhe und entspanne dich. Spüre deine Energie, wie sie durch dich hindurchfließt und dir deine Kraft verleiht. Konzentriere dich nur auf dich und begib dich in einen meditativen Zustand.

7. Vollziehen des Rituals

Lass dir Zeit. Stelle sicher, dass du jeden Schritt richtig und ordentlich ausführst. Hör auf dein Gefühl, ob ein Punkt abgeschlossen ist oder ob es noch mehr Zeit braucht. Mit der Zeit wirst du Energie immer besser spüren können und besser wahrnehmen, wie sie sich bewegt. Dann kannst du einfacher feststellen, ob bereits alles gewirkt hat, was du benötigst.

8. Beenden des Rituals

Verabschiede dich sorgfältig von allen verwendeten Energien und bedanke dich bei ihnen für ihre Hilfe. Löse deinen Schutz. Lösche deine Kerzen, entferne verwendete Schutzobjekte entgegen der Richtung, in der du sie aufgestellt hast, oder verwische deinen Schutzkreis.

WIE VIEL VORBEREITUNG BRAUCHST DU?

Nicht alle Zauber und Rituale erfordern zwingend ein volles Vorbereitungsprogramm. Für mich zum Beispiel braucht die Herstellung eines Selbstliebe-Badesalzes keine Reinigung, Schutz oder Sonstiges.Wenn ich das Salz dann allerdings anwende, würde ich Kerzen für einen Schutzkreis (und eine schöne Stimmung) aufstellen und einen schnellen Kreis visualisieren. Die Entscheidung, eine umfassende Vorbereitung zu treffen, ist oft situationsabhängig, dennoch solltest du dich lieber einmal zu oft schützen als einmal zu wenig.

Rituale zum Nachmachen

Nun machen wir uns ans Handwerk! Auf den folgenden Seiten gebe ich dir Ideen und Inspirationen für einen leichten Einstieg in deine praktische Arbeit als Hexe. Ich möchte darauf hinweisen, dass dies keine unveränderbaren Anleitungen sind. Fühle dich eingeladen, zu jeder Anleitung das hinzuzufügen, was du für deine eigene Umsetzung eines Rituals oder eines Zaubers benötigst. Wenn du zum Beispiel ein besonderes Objekt hast, das du gerne in einem Zauber verwenden möchtest, dann füge das einfach den Anleitungen hinzu. Es ist deine Arbeit und du musst dich dabei wohl fühlen.

Auch wenn du mit einem Schritt oder Hilfsmittel in meiner Anleitung nicht harmonierst, kannst du es für dich passend abändern. Überlege dafür, was mein Schritt bewirken soll, und versuche eine ähnlich wirkende Alternative zu finden. Bei Gegenständen und Kräutern ist es genau das Gleiche. Du musst dich wohlfühlen bei deiner Arbeit. Und du bist auch die einzige Person, die sie durchführt. Also passe sie so an dich an, dass sie zu dir gehört und nicht zu irgendeinem Autor.

Bei allen Anleitungen setze ich voraus, dass du dich, nach deinem Ermessen, auf das Ritual vorbereitest und alle für dich notwendigen Maßnahmen getroffen hast. Bei Anleitungen, bei denen ein optionaler Punkt dabeisteht, werde ich nicht dazu schreiben, wie und wann dieser angewandt werden soll. In den meisten Fällen handelt es sich um ein Räucherwerk, das du dann einfach entzündest, bevor du mit deiner magischen Arbeit anfängst.

Wenn eine Anleitung ein Papier zum Schreiben beinhaltet, kannst du das auch immer durch ein Lorbeerblatt ersetzen, sofern der Platz zum Schreiben ausreicht. Lorbeerblätter stehen für Erfolg und Wünsche, weshalb sie eine optimale Grundlage für jeden Zauber darstellen. Alle Anleitungen für Hexenfläschchen könnten genauso gut auch in einem Säckchen oder anderen verschließbaren Gefäß durchgeführt werden.

Energie-Tester für dein Zuhause

Gerade zu Beginn deiner magischen Reise bist du wahrscheinlich noch nicht sehr sensibel gegenüber Energien und kannst nicht unbedingt erspüren, ob deine Umgebung eine Reinigung benötigt oder nicht. Dafür gibt es ein kleines Hilfsmittel, für das du selber nicht viel tun musst und was dir ganz von alleine anzeigt, ob du energetisch reinigen musst oder nicht.

Was du dafür brauchst:

- Zitrone(n) (je Raum ½ Zitrone)
- Salz
- Ein Messer
- Kleine Teller

Reinige deine Zitronen physisch und energetisch, lass die entweder vom Element Wasser reinigen, vom Rauch einer Räuchermischung oder reinige sie mit deiner eigenen Energie. Schneide sie in der Hälfte durch und lege jeweils eine Hälfte auf einen Teller. Streue nun Salz über jede Zitronenhälfte und platziere je einen Teller in einem deiner Wohnräume. Warte 2 bis 3 Tage und überprüfe, wie sich die Zitronen verändern. Wenn sie einfach nur austrocknen, ist alles in Ordnung und du benötigst keine Reinigung. Sollten sie allerdings anfangen zu schimmeln, solltest du eine energetische Reinigung durchführen. Achtung! Schimmel kann auch von zu hoher Luftfeuchtigkeit kommen.

Schneller Wohnungsbeschützer

Dieser kleine Freund ist schnell hergestellt und schützt deine Wohnung ohne Widerrede vor ungewollten Energien. Besonders in der Weihnachtszeit ist er außerdem eine passende und unauffällige Dekoration. Der Talisman ist super einfach herzustellen und eignet sich hervorragend für Anfänger ohne viel eigene energetische Erfahrung.

Was du dafür brauchst:

- Orangen (so viele, wie du Beschützer herstellen möchtest)
- ganze Nelken

Reinige deine Orangen energetisch und physisch. Sie stammen im Normalfall nicht aus unserem Land und du weißt nicht, unter welchen Bedingungen die Früchte angebaut, geerntet und versandt wurden. Wasche sie gründlich unter Wasser und bitte das Element Wasser selbst um eine Reinigung. Nimm anschließend eine Orange in deine Hände und halte sie vor dein Herz.

Konzentriere dich auf ihre Energie, auf ihre Textur an deinen Fingern und Handflächen. Spüre, wie deine Körperwärme die Frucht warm werden lässt

und deine Energie in sich aufnimmt. Heiße die Orange willkommen und danke ihr für ihre Energie. Nimm nun die Nelken und stich sie mit dem spitzen Ende in die Orangenschale. Stelle dir währenddessen vor, wie du mit Hilfe der Nelken einen Schutzwall baust. Die Enden der Nelken bilden mit ihren Kronen eine Art Fühler, die Energien abfangen können. Dieses Gitter verteilt du über die Orange. Mache das für circa 2/3 der Orangenhaut, damit noch eine leere Fläche zum Liegen frei bleibt. Das war's schon. Jetzt kannst du deinen neuen Schutztalisman an einem Fenster platzieren und ihn wirken lassen.

Sollte dein Beschützer anfangen zu schimmeln, wird er etwas abgehalten haben und muss erneuert werden. Auch wird die Frucht über die Zeit austrocknen, das heißt aber nicht zwingend, dass ihr Schutz dadurch schwächer wird. Lege immer wieder deine Hände um den Talisman und erspüre, wie stark seine Energie noch ist, um zu wissen, wann du einen neuen brauchst.

Großer Wohnungsschutz-Talisman

Dieser Talisman ist ein mächtiger und langanhaltender Schutz für deine gesamte Wohnung. Er benötigt etwas speziellere Zutaten als der schnelle Beschützer, wirkt aber auch deutlich stärker und muss selten bis gar nicht erneuert werden.

Was du dafür brauchst:

- Ein Gefäß, das du verschließen kannst. Vorzugsweise sollte das Gefäß groß und stabil sein, damit es Sicherheit und Stärke ausstrahlt.
- Kräuter deiner Wahl (z. B. Salz, Nelken, Wacholder, Rosmarin, Beifuß, Salbei, Lavendel oder Zimt)
- Einen Gegenstand aus deinem Zuhause, am besten ein Stückchen Putz, Steine aus dem Garten oder einen anderen Bestandteil des Gebäudes
- Ein Blatt Papier und einen Stift
- Eine schwarze Kerze oder eine Farbe, die du mit deinem Zuhause in Verbindung bringst
- Einen spitzen Gegenstand, zum Beispiel eine Nadel, das Ende eines Kamms, eine Gabel oder Sonstiges, mit dem du Linien ritzen kannst

Erstelle dir ein Siegel, das besagt, dass dieses Objekt (dein Talisman) dein Zuhause beschützt. Du kannst gerne das von mir erstellte Symbol verwenden (siehe Sigille in der Klappe „Ich beschütze den mir zugeteilten Ort"). Mit der auf Seite 63 beschrieben Vorgehensweise zur Sigillen-Erstellung kannst du die Form des Symbols nachvollziehen.

Reinige dein Gefäß physisch und energetisch, räuchere es mit einem reinigend wirkenden Stoff aus. Schichte nun die Zutaten nacheinander in deinem Gefäß auf, bis du noch circa 2/3 Platz frei hast. Schreibe nun auf den Zettel die Adresse und die eventuelle Etage und die genaue Position deines Zuhauses auf. Zum Beispiel „Musterstraße 15, 2. Etage links". Lege den Zettel jetzt ebenfalls in dein Gefäß und platziere den Gegenstand der Wohnung darauf. Verschließe dein Gefäß, zünde die Kerze an und lasse Wachs über den Verschluss und die Ränder tropfen, damit alles mit Wachs überzogen und versiegelt ist. Wenn das Wachs kalt geworden ist, nimm dir deinen spitzen Gegenstand und ritze dein Schutzsymbol auf die Oberseite des Gefäßes, das nun mit Wachs bedeckt ist. Du kannst die Linien auch vorher mit einem Stift vorziehen, damit dir die Positionierung und der Schwung leichter fallen. Wenn alles fertig ist, suche dir einen Ort, an dem du deinen Talisman sicher aufbewahren kannst. Am besten einen Ort, gut versteckt, den man nicht leicht findet oder zu dem sogar nur du Zugang hast.

Negativitätslöser

Ein kleines, aber wirksames Ritual, um dir Selbstliebe zu schenken und Selbstbewusstsein zu bringen. Wir alle haben etwas an uns, was wir nicht besonders gerne mögen, ob das nun begründet ist oder nicht. In diesem Ritual geht es darum, dieses Negative loszulassen.

Dies kann ein Verhalten (z. B. Eifersucht, Zorn oder Überfürsorglichkeit u. Ä.) oder auch negative Denkmuster sein, wie „Ich bin nicht hübsch genug" oder „Ich mag ... an mir nicht". Überlege dir vorher ganz genau, auf welchen Punkt du dich konzentrieren möchtest, damit das Ritual so wirksam wie möglich ist. Du kannst das Ritual auch gerne mehrmals durchführen, pro Durchgang solltest du dich aber nur auf ein Ziel fokussieren.

Was du dafür brauchst:

- Feuerfeste Schale und feuerfesten Untergrund
- Stift & Papier
- Ritualmesser oder Schere
- Feuerzeug oder Streichhölzer
- Zu deiner eigenen Sicherheit: eine Zange
- Optional: etwas zum Räuchern, es eignen sich gut Rosen, Lavendel, Zimt, Majoran, Johanniskraut, Kamille und Rosmarin

Schreibe auf das Stück Papier, was du heute gerne loslassen möchtest. Du kannst es sehr detailliert oder auch nur in einem Wort beschreiben. Wichtig ist, dass es ausdrückt, was du fühlst. Du kannst auch etwas malen, alles, was dir hilft, dein Gefühl zum Ausdruck zu bringen. Nimm nun das Papier zwischen deine Hände oder lasse deine Hände kurz über dem Papier schweben. Jetzt konzentrierst du dich darauf, aus jedem Winkel deines Körpers die Negativität, die mit deinem unerwünschten Gefühl zusammenhängt, aus deinem Körper zu ziehen. Diese Negativität lässt du nun in das Stück Papier fließen. Lass dir dafür so viel Zeit, wie du brauchst. Wenn du der Meinung bist, dass alles Negative im Zusammenhang mit deiner Intention in das Papier aufgenommen wurde, ist es Zeit, diese schlechten Gedanken ein für alle Mal loszuwerden. Fasse das Papier mit der Zange und halte es über dein feuerfestes Gefäß. Verabschiede dich nun von dieser Negativität, erlaube dir, sie gehen zu lassen, und zünde dabei das Papier an. Lege das brennende Papier nun in die Schale. Wenn du Kräuter hast, kannst du diese vorher in der Schale platzieren, damit sie nun mit dem Papier zusammen verbrennen. Lasse nochmal alle Gefühle, die mit deiner Intention zusammenhängen, raus. Du kannst schreien, dich schütteln, springen, alles, was dir helfen könnte, diese Negativität von dir loszuwerden. Spüre, wie die schlechten Gedanken sich von dir lösen und vom Feuer verbrannt werden. Nimm nun dein Messer und durchtrenne in der Luft vor dir die Verbindung mit dem Papier. Jetzt hast du dich auch auf der energetischen Ebene von der Negativität gelöst.

Selbstliebe-Hexenfläschchen

Dieser Zauber soll dir helfen, dich besser selbst akzeptieren zu können.

Was du dafür brauchst:

- Flasche oder Säckchen
- Stift & Papier
- Fingernagel oder Haar (siehe S. 114)
- Rosenquarz
- Weiße oder rote Kerze (oder deine Lieblingsfarbe)
- Kräuter (mindestens 2 davon verwenden): Rosenblüten, Lavendel, Orangenschalen, Gänseblümchen, Kamille, Ringelblume
- Optional: Bergkristall zur Verstärkung

Der Kern der Wirkung ist ein Blatt, auf dem du aufschreibst, dass du dich selbst liebst. Das kannst du in einem kurzen, prägnanten Satz oder in einem ganzen Brief an dich selbst machen. Du kannst dir auch eine Sigille, eine Binderune oder ein Symbol erstellen. Wenn du möchtest, verwende gerne die von mir erstellte Sigille. Sie besteht aus dem Satz „Ich bin wertvoll" (siehe Klappe). Fülle zuerst den Rosenquarz in dein Gefäß, er bildet das Fundament. Anschließend gibst du die restlichen Bestandteile dazu. Nun kommt dein Zauber. Wenn du einen Brief oder Satz geschrieben hast, falte ihn in deine Richtung, damit er nicht von anderen gelesen werden kann. Lege nun das Papier in dein Gefäß und verschließe es. Zünde die Kerze an und versiegele die Öffnung. Für eine erfolgreiche Wirkung solltest du den Zauber möglichst nah und viel bei dir tragen. Er kann auch unter das Kopfkissen während des Schlafens gelegt werden.

Badesalz für Selbstvertrauen und Selbstliebe

Dieses Rezept ist nicht nur gut für deine Haut, sondern auch für deine Seele. Hülle dich in der Badewanne oder Dusche mit dem Duft dieser Mischung ein und lasse deinen Geist frei werden von Selbstzweifeln und negativen Emotionen dir gegenüber. Um das Salz in der Dusche verwenden zu können, gib es einfach in ein Säckchen und hänge es unter deinen Duschkopf. Dadurch fließt das Wasser durch die Stoffe und löst ebenfalls deren Wirkung aus.

Was du dafür brauchst:

- Meersalz
- Haferflocken, Rosenblätter, Sonnenblumenblätter oder verkleinerte Sonnenblumenkerne, Aprikosenschalen, (optional: Kamille und Thymian)

Zusätzlich zum Badesalz kannst du noch eine passende Räuchermischung (siehe S. 168) und Kerzen anzünden, um die Energie noch mehr zu unterstützen. Gib alle Bestandteile in dein Badewasser und entspanne dich in den sanften Gerüchen. Nimm die Energie in dich auf und erfülle dich mit der Liebe für dich Selbst.

Geld-Zauber *„money bowl"*

Dieser Zauber ist ein Langzeitzauber und dient dazu, Geld für ein bestimmtes Ziel anzuziehen. Sammle, wenn du diesen Zauber durchführen willst, am besten eine kleine Menge an Kleingeld an, weil du den Zauber über Zeit „füttern" musst, das heißt du musst immer wieder Geld nachlegen. Konzentriere dich für eine money bowl immer nur auf ein Geldziel.

Was du dafür brauchst:

- Kleingeld und/oder Geldscheine (alle Größen, auch Centstücke sind gut)
- Schale oder Tasse (wenn möglich in Grün)
- Stift und Papier
- Lorbeerblätter, Zimt, Basilikum, (optional: Ingwer)
- Schwarzer Turmalin für extra Schutz, (optional: Pyrit, Aventurin)

Reinige die Schale energetisch. Nimm nun das Papier zur Hand und schreibe dreimal untereinander, was du erreichen möchtest. Definiere das Ganze gerne mit einem Datum. Drehe den Zettel mit dem Uhrzeigersinn um 90° und schreibe erneut dein Ziel dreimal untereinander, wiederhole das noch einmal. Beim vierten Mal unterschreibst du dreimal mit deinem Namen. Falte dann den Zettel auf dich zu, bis er nur noch ein kleines Päckchen ist.

Lege den Zettel nun in die Schale. Anschließend legst du die Geldscheine und das Kleingeld auf den Zettel, währenddessen konzentrierst du dich auf dein Ziel und visualisierst es ganz klar vor deinem inneren Auge. Lege auch die restlichen Zutaten mit in die Schale. Nun kannst du noch einen Moment lang deine Hände um die Schale legen und dem Zauber deine Energie beifügen.

Damit der Zauber wirksam wird, musst du nach Abschluss des Zaubers immer wieder mit der Schale interagieren und sie mit neuem Geld „füttern". Dafür reichen auch Centstücke oder wenn du kein Kleingeld zur Hand hast, gibt noch andere Materialien, die mit Geld in Verbindung stehen, dazu. Zum Beispiel noch mehr der vorherigen Zutaten, grünes Meer-Glas, Orangenschalen, Minze oder Jade. Hauptsache in der Schale bleibt Bewegung und der Zauber schläft nicht ein.

Erfolg-Kerzenzauber

Dieser schnelle Kerzenzauber bringt dir Erfolg für jegliches Vorhaben. Ob für einen Test in der Schule, ein Bewerbungsgespräch, für die Wohnungssuche oder für andere Ereignisse, bei denen du eine Extraportion Glück und Erfolg gut gebrauchen kannst – dieser Zauber hilft dir an dein Ziel.

Was du dafür brauchst:

- Feuerfester Untergrund, zum Beispiel einen Teller
- Kleine grüne Kerze
- Etwas Spitzes zum in die Kerze schreiben
- Kaffee oder Ingwer
- Zimt, Basilikum, Oregano (so klein machen wie möglich)
- Olivenöl und ätherisches Öl mit Minze, Zitrone oder Orange (alternativ: nur Pflanzenöl)

Ritze dein Ziel von unten nach oben in die Kerze (siehe Kerzenzauber S. 115). Nutze gerne mehrere Zeilen dafür und definiere einen genauen Zeitpunkt. Alternativ kannst du deinen Satz als Sigille einritzen. Bestreiche anschließend die Kerze von oben nach unten mit dem Öl. Nun streust du deine Kräuter über die Kerze oder rollst sie darin, bis alles schön bedeckt ist. Mische mehr Kräuter zusammen, als du für die Kerze benötigst, denn wir brauchen gleich noch mehr davon.

Zünde jetzt die Kerze an und lasse etwas Wachs auf deinen Untergrund tropfen. Dort stellst du die Kerze dann drauf, das stellt sicher, dass sie stabil steht. Streue jetzt in einem Kreis im Uhrzeigersinn den Kaffee und die restlichen Kräuter um die Kerze herum. Behalte die Kerze genau im Blick, denn durch das Öl und die Kräuter kann ihre Flamme sehr groß werden. Während die Kerze abbrennt, visualisierst du dein Ziel und lässt deine Energie in die Kerze fließen. Lasse die Kerze vollständig abbrennen, damit der Zauber wirkt.

„Guter Schlaf"-Zaubersäckchen

Dieses Zaubersäckchen ermöglicht es dir, die Kraft der Kräuter aufzunehmen, während du schläfst. Im Schlaf ist dein Körper auf anderen inneren und äußeren Ebenen unterwegs und dort beschützt dich dieses Säckchen auf all deinen Reisen.

Was du dafür brauchst:

- Säckchen
- Lavendel, Baldrian, Mohn, Pfefferminze (alternativ zu Lavendel: Himbeerblätter und Kamille)
- Optional: Zettel, um eine Sigille für guten Schlaf zu erstellen

Packe alle Bestandteile in dein Säckchen und sprich dann die Worte: *Wiege mich in den Schlaf und beschütze mich auf den Ebenen des Unsichtbaren.*

Dann lege das Zaubersäckchen unter dein Kopfkissen oder hänge es an deinen Bettpfosten oder lege es auf deinen Nachttisch. Hauptsache, es ist nah bei dir.

Eine Beziehung von dir trennen (Cord-Cutting-Ritual)

Ein Standard-Cord-Cutting-Ritual wird mit zwei Kerzen durchgeführt, du kannst es aber auch auf zum Beispiel drei Kerzen vollziehen, wenn Bedarf besteht. Dieses Ritual ist dafür da, um eine (oder mehr) Energien von dir zu trennen. Es ist zwar ein einfach durchführbares Ritual, dafür aber umso schwieriger zu deuten. Beim Cord Cutting kommt es nämlich nicht nur auf die Durchführung alleine an, sondern auch darauf, wie die Kerzen sich verhalten, welche die zu trennenden Seiten symbolisieren. Sorge bei einem Cord-Cutting-Ritual unbedingt für einen großflächigen feuerfesten Untergrund. Bei diesem Ritual können größere Flammen entstehen und brennende Teile zu Boden fallen.

Was du dafür brauchst:

- zwei Kerzen in Farben, die dich und die andere Person symbolisieren
- eine Schnur
- Optional: zwei Objekte, die die beiden Personen repräsentieren oder ein Bild der Personen

Bereite deine Kerzen so vor, wie du sie benötigst. Schreibe deinen Namen und den Namen der Person, die du von dir trennen möchtest, auf die Kerzen und salbe sie bei Bedarf mit Zutaten, die dein Vorhaben unterstützen. Platziere die Kerzen dann auf deinem feuerfesten Untergrund gegenüber voneinander. Wickele nun die Schnur um die Kerzen, um sie dadurch miteinander zu verbinden. Ob du die Schnur dabei um die Kerzen festknotest oder zum Beispiel mehrfach um die Kerzen gehst, bleibt deinem Gefühl überlassen.

Bringe nun deinen Wunsch vor. Sollen du und die andere Person auf einer Gefühlsebene getrennt werden? Wünschst du dir von einer Erinnerung befreit zu werden oder möchtest du einen unfreundlichen Menschen aus deinem Leben entfernen? Versuche wie immer deine Intention so genau wie möglich zu definieren. Zünde nun die zwei Kerzen an.

Wenn du nur das Ritual durchführen willst, lässt du nun die Kerzen herunterbrennen und die Magie ist gewirkt. Wenn du aber, wie ich, gerne die Flammen und die Bewegungen interpretieren möchtest, gebe ich dir nun ein paar Tipps und Hinweise, wie du nun weiter vorgehen kannst.

Beobachte genauestens, wie sich die zwei Flammen verhalten. Ist eine Flamme größer als die andere? Flackern sie unruhig? Der Moment, in dem die Flammen die Schnur erreichen, ist besonders spannend. Wird eine Flamme übergriffig und verbrennt die Schnur sofort? Die Art und Weise, wie die Schnur in Flammen aufgeht, verrät dir enorm viel über die Beziehung der zwei Seiten. Der Moment, in dem die Schnur geteilt wird, ist der Moment der Trennung. Wie genau wird die Schnur getrennt? Welche Kerzenflamme zertrennt die Verbindung?

TIPP

Nimm am besten den Ablauf des Rituals mit einer Kamera auf, um im Nachhinein die Bewegungen und Schwingungen noch einmal beobachten und deuten zu können. Manchmal geschehen die Dinge so schnell, dass es hilfreich sein kann, sie erneut anzuschauen.

Deutungsbeispiele für ein Cord-Cutting-Ritual:

- Eine Flamme ist deutlich größer als die andere. Diese Seite wehrt sich und will die Verbindung nicht aufgeben und/oder ist wütend über die Trennung.
- Eine Flamme ist deutlich kleiner als die andere. Diese Seite wird von der anderen überwältigt und hat keine eigene Stimme. Oder sie hat bereits mit der Situation abgeschlossen und hat dadurch keine starken Gefühle mehr zum Ausdruck zu bringen.
- Die Schnur hängt nach der Verbrennung immer noch in die Richtung der anderen Kerze. Die eine Seite möchte die andere nicht loslassen.
- Die Flammen beider Kerzen erreichen die Schnur gleichzeitig und beide Flammen greifen auf die Schnur über. Die Trennung wird von beiden Seiten akzeptiert und gewünscht.
- Die eine Flamme erreicht die Schnur schneller als die andere und verbrennt die Verbindung sofort, sie will diese Trennung unbedingt und lässt keine Widerworte zu.
- Die eine Flamme erreicht die Schnur schneller als die andere, verbrennt die Schnur aber nicht. Sie will sich nicht trennen oder hängt noch an etwas Emotionalem.

Standard Bannungs-Ritual – Unerwünschtes Entfernen

Was du dafür brauchst:

- eine schwarze Kerze und feuerfesten Untergrund
- roten oder schwarzen Faden oder Garn
- Papier und Stift

Überlege dir zuerst genau, was du bannen willst. Formuliere eine klare Anweisung daraus, zum Beispiel *„Ich verbanne alle negativen Entitäten aus meinem Zuhause, die mir schaden wollen“* oder *„Mögen alle Gedanken und Sorgen, die mir nicht von Nutzen sind, aus meinem Geist verbannt sein.“* Schreibe deinen Satz dann auf das Papier. Wenn du möchtest, kreiere eine Sigille daraus oder füge ein allgemeines bannendes Symbol hinzu.

Falte nun das Papier von dir weg. Wickele den Faden um das Papier und wiederhole währenddessen immer wieder laut deinen aufgeschriebenen Satz.

Deine Kerze kann mit Ölen und/oder Sigillen verziert sein, wenn du das möchtest. Zünde die Kerze nun an und tropfe Wachs auf dein Papier, um es damit zu versiegeln. Lege das Papier dann unter die Kerze und lasse diese herunterbrennen. Wenn die Kerze abgebrannt ist, nimm ihre Überreste und die des Papiers und wirf sie irgendwo außerhalb deines Zuhauses weg.

Überprüfe, ob bestehende Schutzzauber erneuert werden müssen.

Räuchermischungen zum Nachmachen

Nachfolgend habe ich dir einige Räuchermischungen für verschiedene Situationen zusammengestellt. Die Zutaten sind möglichst simpel gehalten, damit du sie auch mit einer einfachen Grundausstattung nachmachen kannst. Viele der Pflanzen sind bei uns auch heimisch und können eventuell gesammelt werden, wie zum Beispiel Magnolien oder Löwenzahnwurzel. Auch hier gilt wieder, wenn du einen Stoff nicht hast oder nicht magst, versuche eine vergleichbar wirkende Pflanze zu finden, um sie mit ihr ersetzen zu können. Schlage die Wirkung der Pflanzen gerne nochmal nach, siehe Seite 56. Alles rund ums Thema Räuchern findest du auf Seite 98.

Räuchermischung für eine Hausreinigung

Verwende diese Räuchermischung, wenn du eine starke energetische Reinigung für deine Umgebung benötigst. Gehe mit der Räuchermischung gegen den Uhrzeigersinn durch deine Räume oder lasse dein Räuchergefäß in der

Mitte des Raumes mit geschlossener Tür herunterbrennen. Lüfte anschließend gründlich.

Was du dafür brauchst:

Salbei (Alternativ Ysop oder ganz weglassen), Rosmarin, Thymian, Melisse, Wacholderholz oder Wacholderbeeren

Räuchermischung für luzide Träume

Luzides Träumen ist eine Fähigkeit, die du dir aneignen kannst, mit der du deine Träume steuern kannst. Dadurch ist es dir möglich, den Ablauf deiner Träume zu beeinflussen und selbst zu bestimmen, was du im Traum erleben möchtest. Es braucht oftmals viel Geduld und Arbeit, um dieses Können zu erlangen. Viele Menschen vergessen ihre Träume sehr schnell wieder, daher ist ein guter Anfang, ein Traumtagebuch zu führen. Schreibe dir sofort nach dem Aufwachen auf, was du eben geträumt hast. Du wirst merken, dass du dich mit der Zeit immer besser an deine Träume erinnern kannst.

Räuchere die Mischung vor dem Schlafengehen neben deinem Bett, damit sich die Wirkstoffe in die Luft und in den Raum legen können. Lass die Räucherung auf keinen Fall brennen, während du schon schläfst.

Was du dafür brauchst:

Blauer Lotus, Beifuß, Lavendel (alternativ Kamille), Baldrian, Holunderholz

HINWEIS
Es gibt ein paar Pflanzen, die wirklich sehr erdend wirken, also sehr beruhigend. Einige davon sind so stark, dass sie im Falle einer depressiven Stimmung einen kontraproduktiven Effekt erzielen können. Wenn du negativ gestimmt bist, möchtest du vielleicht auch ein bisschen Beruhigung für die Nerven, aber grundsätzlich eher eine aufhellende und erfrischende Wirkung. Vermeide daher bei solchen Räuchermischungen Zutaten wie Weihrauch oder Eichenrinde.

Räuchermischung für Konzentration

Verwende diese Räuchermischung, wenn du Fokus, innere Ruhe und einen klaren Kopf benötigst. Sie eignet sich zum Lernen, Arbeiten, kreativ sein oder Sport machen.

Was du dafür brauchst:

Pfefferminze, Zitronengras, Kiefernharz oder Bernstein

Räuchermischung für Harmonie und Zufriedenheit

Nutze diese Räuchermischung vor einem Besuch oder nach einer Reinigung, um die Stimmung deiner Umgebung zu verbessern. Sie eignet sich auch für einen entspannten Nachmittag oder wenn du einfach ein wenig Frieden spüren möchtest.

Was du dafür brauchst:

Ringelblumen, Lavendel oder Kamille, Magnolienblüten, Orangenblüten oder -schalen

Räuchermischung gegen negative Stimmung

Mit negativer Stimmung meine ich nicht Hass oder Zorn, sondern Niedergeschlagenheit, Lustlosigkeit, depressive Stimmung und andere bedrückende Gefühle. Räuchere diese Mischung, um deine Gedanken zu entspannen, dich wieder wohler zu fühlen und einen kleinen Antrieb nach oben zu erhalten.

Was du dafür brauchst:

Johanniskraut, Gänseblümchen, Orangenschalen, Myrrhe

Räuchermischung für sexuelle Anziehung

Diese Räuchermischung eignet sich, wenn du einen gemeinsamen Abend planst oder einfach wieder etwas Feuer in deine Beziehung bringen möchtest.

Was du dafür brauchst:

Jasmin, Rosen, Damiana, zusätzlich Patchouli, wenn du eine Frau anziehen möchtest, oder für einen Mann Hibiskus

Glossar

Einige der folgenden Begriffe habe ich gar nicht im Buch verwendet. Sie gehören aber zur Welt der Magie und du wirst vielleicht an anderer Stelle auf sie stoßen, deswegen möchte ich sie dir trotzdem gerne erklären.

Astralebene: Spiritueller Begriff, um eine sogenannte Feinstoffebene zu beschreiben. Auf dieser Ebene kann ein Wesen mit seinem Astralkörper wandeln.
Astralkörper/Astralprojektion: Beschreibt einen Vorgang, bei dem sich dein Geist von seinem physischen Körper löst und die Astralebene betritt.
Banishing: Englisch für Bannung/Verbannung.
Chakra: Die Lehre der Chakren stammt aus Indien und besagt, dass es in deinem Körper sieben Energiezentren gibt. Diese Punkte sind jeweils bestimmten Fähigkeiten oder Zuständen zugeordnet, wie zum Beispiel Kreativität, Kommunikation oder Selbstbewusstsein. Für mehr Informationen siehe S. 32.
Cleansing: Englisch für die energetische Reinigung. Siehe S. 126.
Closet Witch: Closet heißt übersetzt Schrank. Eine closet witch ist eine Hexe, die im Geheimen praktiziert ohne das Wissen ihrer Mitmenschen. Oft müssen sie ihre Arbeit verstecken und verwenden deshalb andere Methoden als andere Hexen. Zum Beispiel verstecken sie ihre Sachen im Schrank, woher der Name stammt.
Cord Cutting: Englisch für „Schnur zerschneiden", ein Ritual aus der Praxis einer Hexe.
Coven: Englisch für Zirkel. Beschreibt eine Gruppe an Hexen, die einen Glauben und ein Ziel teilen. Sie schließen sich zu einem *coven* zusammen, um gemeinsam zu lernen und zu praktizieren.
Curse: Englisch für Fluch.
Deity: Englisch für Gottheit. *Deity work* bedeutet Arbeit mit einer oder mehreren Gottheiten.
Divination: Übergriff für alle Methoden, die Ergebnisse vorhersagen. Es wird auch als Wahrsagen bezeichnet.
Entität: Begriff für alle nicht körperlich existierenden Wesen. Zum Beispiel Götter, Engel, Geister oder Dämonen.
Esoterik/Exoterik: Esoterik bedeutet ursprünglich, dass bestimmtes Wissen nur einem ausgewählten Kreis zugänglich ist. Exoterik beschreibt den Gegensatz, dass Wissen allen zugänglich ist. Für genauere Informationen siehe S. 22.
Folk Magie: Englisch für Volk. Bedeutet, dass sich eine Hexe beziehungsweise ihre Magie an traditionellen und einheimischen Methoden orientiert.

Gesetz der Drei: Glaube, dass alles, was man aussendet, dreifach zu einem zurückkommt. All deine Worte, Taten und sogar Gedanken, weshalb du gut mit dir, deiner Umwelt und deinen Mitmenschen umgehen musst. Es wird als starkes Argument gegen Schadensmagie verwendet.
Heiden/Heidentum/heidnisch: Christlicher Begriff für alle Religionen, die an mehr als einen allmächtigen Gott glauben. Siehe Polytheismus.
Hex: Englisch für Verhexung. *To hex* heißt jemanden verhexen.
Inneres Kind: Eine Bezeichnung für prägende Erfahrungen und Gefühle, die du erlebt hast. Solche Erfahrungen stammen meistens vor allem aus der Kindheit, weshalb es als inneres Kind beschrieben wird. Durch diese Methode kann es leichter gelingen, Erlebnisse oder Traumata zu bearbeiten.
Intention: Auch Absicht oder Bestreben. Der Grund, warum du etwas tust.
Intuition: Inneres Gefühl von Gewissheit, auch Bauchgefühl genannt.
Karma: Das Wort Karma stammt aus dem Altindischen. Die Lehre des Karma besagt, dass die Welt immer im Gleichgewicht bleibt. Gutes findet zu Gutem und Schlechtes findest zu Schlechtem. Es wird als Argument gegen Schadensmagie verwendet.
Linker und Rechter Pfad: Auch Pfad der linken oder rechten Hand genannt. Beschreibt eine Glaubensrichtung innerhalb der Hexerei. Vergleichbar mit einer Wicca-Tradition. Innerhalb haben die Anhänger ihren eigenen Glauben und ihre Regeln.
Mantra: Ein Wort, ein Satz oder eine Abfolge von Sätzen, die immer wieder wiederholt werden. In Gedanken oder laut ausgesprochen. Durch die Wiederholung wird dem Inhalt der Wörter Kraft gegeben und sie wirken.
Mediation: Vermitteln, versöhnlich vermitteln. Ein Mediator ist ein Mittelsmann zwischen zwei oder mehreren Parteien mit unterschiedlichen Meinungen. Er dient der Kommunikation zwischen allen Beteiligten und hilft, eine Lösung zu finden.
Meditation: von lat. meditatio, heißt so viel wie „das Nachdenken über, Betrachtung, innere Betrachtung". Heute gilt es als spirituelle Praxis, bei der über Konzentrationsübungen tiefe Entspannung und eine Klärung der eigenen Gedanken erreicht werden.
Meridian: In der Spiritualität steht Meridian für eine Lehre, die besagt, dass in unserem Körper 12 Linien der Lebensenergie liegen. Diese werden Meridiane genannt. Meridian-Yoga dient als Bewegungslehre, um diese Linien zu aktivieren und die Energie zum Fließen zu bringen.
Monotheismus: Begriff für Religionen, die nur einen allmächtigen Gott verehren. Beispiele sind das Christentum, Judentum oder Sikhismus. Gegensatz dazu siehe Polytheismus.

Neopaganismus: Die heutige Auslebung von heidnischen Glaubensrichtungen. Darunter sind oft keltische, antike, germanische oder slawische Religionen.
Okkultismus: Die Lehre von übersinnlichen, unerklärlichen Kräften und Erscheinungen. Von lat. „occultus“: verborgen, verdeckt oder geheim. Ähnlich wie Esoterik.
Paganismus: siehe Heide / Heidentum.
Pentagramm: Stern mit fünf Zacken, der mit einer einzigen Linie gezogen wird. Für mehr Informationen siehe S. 21.
Polytheismus: Begriff für Religionen, die mehrere Götter verehren und deren Kräfte gleichberechtigt sind. Beispiele sind der Buddhismus und Hinduismus, alte nordische Glaubensrichtungen sowie viele afrikanische Religionen. Gegensatz dazu siehe Monotheismus.
QiGong: Manchmal auch Chigong geschrieben, ist eine chinesische Bewegungsform, um die Konzentration sowie Körper und Geist zu entwickeln. Bei der Durchführung entsteht ein meditativer Zustand.
Schadensmagie: Magie, mit der eine Hexe einem anderen Lebewesen ihren eigenen Willen aufzwingen und / oder schaden kann.
Schattenarbeit: Bezeichnung für Arbeit mit seinen inneren Problemen, siehe S. 46.
Schwarze Magie: Siehe Schadensmagie. Gegensatz zu Weißer Magie.
Sigille: von lat. „sigillum“: Siegel.
Spell Bag: Englisch für Zaubersäckchen (siehe S. 118).
Trauma: stark einschneidendes negatives Erlebnis, das die Wahrnehmung und das Verhalten verändern kann.
Urvertrauen: Beschreibt das Vertrauen in deine eigene Kraft und die der Erde als Mutter Natur.
Visualisieren: vor dem inneren Auge sichtbar machen, sich etwas intensiv vorstellen mit Hilfe der eigenen Vorstellungskraft.
Weiße Magie: Orientierung innerhalb der Hexerei. Besagt, dass eine Hexe, die Weiße Magie ausübt, keinem anderen Lebewesen Schaden zufügen darf. Gegensatz zu Schwarzer Magie.
Wicca: Religion, die als Übergriff für viele individuell unterschiedliche Gruppen steht. Praktizierende nennen sich alle Wicca, können aber dennoch komplett unterschiedlicher Meinung und Glaubens sein.
Witches Brew: Englisch für Hexenfläschchen, Zauberflasche etc. (siehe S. 119).
Yoga: Eine aus Indien stammende Lehre, die mithilfe von Bewegungen und Konzentrationsübungen den Geist beruhigen, stärken und mit dem Körper in Einklang bringen soll.

Buchempfehlungen

Da ich in einem Einsteiger-Buch kaum das Wissen jedes einzelnen Fachbereiches vereinen kann, möchte ich dir hier noch einige Buchempfehlungen mitgeben. Ich habe versucht, hauptsächlich deutschsprachige Lektüren aufzuführen, aber gerade für spezielle Hexen-Themen gibt es im Englischsprachigen einige Werke, die ich sehr empfehlen kann.

Fortgeschrittene Hexen-Bücher:
Of Blood and Bones: Working with Shadow Magick & the Dark Moon. Kate Freuler
Pflanzen:
Heilkosmetik aus der Natur. Myriam Veit
Meine Grüne Hausapotheke: Kräuterrezepte einfach selbst gemacht. Eva Tragner
Heilpflanzen & ihre giftigen Doppelgänger. Dr. Ursula Stumpf
Essbare Pilze & ihre giftigen Doppelgänger. Laux Gminder
Chakren:
Chakra Komplettanleitung: Deine persönliche, lebensverändernde Reise zu den Kräften der 7 Chakren. Diana Freitag
Chakren: Chakren verstehen und geistiges Heilen durch Meditation für die Gesundheit anwenden. Erika Bader
Mondmagie:
Das magische Wissen vom Mond: Entfalte deine ganz persönlichen Mondkräfte. Monika Helmke Hausen
Die Magie der Sterne: Handbuch der Astrologie. Skye Alexander
Kerzenmagie:
Das Zauberbuch für Kerzenmagie: Einsteigerbuch für Zaubersprüche zur Verbesserung deines Lebens. Bridget Bishop
Pflanzenmagie:
Grüne Magie: Heilende Kräuter, Pflanzen, Tränke und Öle. Arin Murphy-Hiscock
Farbenmagie/Farbwirkung:
Das große Handbuch der Farben: Symbolik, Wirkung, Deutung. Klausbernd Vollmar
Symbole & Sigillen:
Zeichen & Symbole: Ihre Geschichte und Bedeutung. DK London Verlag
Sigil Witchery: A Witch's Guide to Crafting Magick Symbols. Laura Tempest, Zakroff
Runen:
Das große Praxisbuch der Runen. Constanze Steinfeldt
Nordische Magie: Schamanismus und die Runen-Geheimnisse. Edred Thorsson

BILDNACHWEIS
1 Farbfoto von pixabay/DaveMeier: S. 50; 1 Farbfoto von shutterstock/Quadrat: S. 155; 1 Farbillustration von shutterstock/radionastya im Hintergrund; alle übrigen von Iris Panshans.

IMPRESSUM
Umschlaggestaltung von Gramisci Editorial Design, München/Claudia Geffert unter Verwendung von 25 Zeichnungen von Iris Panhans.

Mit 35 Farbfotos und 62 Illustrationen.

Unser gesamtes Programm finden Sie unter **kosmos.de/nymphenburger**

Gedruckt auf chlorfrei gebleichtem Papier

FSC www.fsc.org MIX Papier | Fördert gute Waldnutzung FSC® C110508

ISBN 978-3-96860-074-1
Projektleitung und Lektorat: Laila Prota
Bildredaktion Laila Prota
Gestaltungskonzept: Gramisci Editorial Design, München/Claudia Geffert
Gestaltung und Satz: Katrin Kleinschrot, Stuttgart
Produktion: Nina Renz
Druck und Bindung: Westermann Druck Zwickau GmbH, Zwickau
Printed in Germany / Imprimé en Allemagne

Basics-Einkaufsliste für schnelle Zauber

Zum Zaubern benötigst du nicht viel. Oft genügen schon ein paar Hilfsmittel und Zutaten, die du möglicherweise bereits in deinem Küchenschrank hast. Hier ist eine kurze Einkaufsliste der Dinge, die ich dir für deinen Einstieg in die Hexerei empfehle: